陪孩子走过3~6岁敏感期

李 静◎著

北京时代华文书局

图书在版编目（CIP）数据

陪孩子走过3～6岁敏感期 / 李静著．—北京：北京时代华文书局，2016.12（2018.1重印）

ISBN 978-7-5699-1319-4

Ⅰ．①陪… Ⅱ．①李… Ⅲ．①儿童心理学 Ⅳ．①B844.1

中国版本图书馆CIP数据核字（2016）第298564号

陪孩子走过3～6岁敏感期

PEIHAIZI ZOUGUO 3～6 SUI MINGANQI

著　　者｜李　静

出 版 人｜王训海
选题策划｜沐　心
责任编辑｜李凤琴　穆秋月
装帧设计｜润和佳艺
责任印制｜刘　银　王　洋

出版发行｜北京时代华文书局 http://www.bjsdsj.com.cn
北京市东城区安定门外大街136号皇城国际大厦A座8楼
邮编：100011　电话：010－64267955　64267677
印　　刷｜大厂回族自治县彩虹印刷有限公司　0316-8863998
（如发现印装质量问题，请与印刷厂联系调换）
开　　本｜710mm×1000mm　1/16　印　　张｜14.5　字　　数｜200千字
版　　次｜2017年2月第1版　印　　次｜2018年1月第4次印刷
书　　号｜ISBN978-7-5699-1319-4
定　　价｜36.00元

陪孩子走过3～6岁敏感期

所谓“陪伴是最长情的告白”，不单单是对爱人，对子女更是。

美国一家心理医疗机构，针对7位成功男企业家做过一次调查：如果你这一生可以从头来过，请问，哪些事你会做得有所不同？很有趣的是，他们7个人罗列的答案中唯一都提到的一件事是，如果我人生可以重新来过一遍，那就是在我儿女还年幼的时候，我会多花一点时间陪他成长。

我想我们能从他们的经验中学到：人生中最重要的是什么。年轻时，我们可能会认为赚钱、买房、买车是最重要的。可他们已经经历过人生的风风雨雨，他们得到了社会给予他们的权势、地位和财富，但他们没有说我很后悔没有赚到更多的钱，而是告诉我们，其实人生中最重要的事情是陪伴孩子的成长。

在陪伴孩子成长的过程中，父母们不仅可以培养教育孩子，而且还能收获一段幸福的时光，发现一个更好的自己。但与此同时，相信很多的父母都会遇到这样的问题：孩子比同龄人说话晚，是“大器晚成”还是有什么生理问题？孩子为什么不爱上幼儿园？为什么总是那么“傻”，用自己贵的玩具和别人交换不值钱的小玩意儿？为什么孩子总对细小的东西特别感兴趣，教他认字，他却盯着墙上的小裂纹看上半天？为什么几乎每个孩子都喜欢玩沙和水，而且一玩就是大半天……

这种种令父母不解的行为背后究竟隐藏了什么秘密？翻开此书，你将走进孩子的内心世界，了解孩子种种看似无法解释的行为动机，熟知一个你从未意识到或者忽略了的问题——敏感期。

一般而言，孩子的敏感期多出现在3～6岁，在此阶段，孩子会迸发出惊人的力量和狂热去学习、探究外界事物，因而接受教育的效果也最为明显，可以说敏感期恰恰也是孩子各项能力发展的黄金时期。如果家长能够把握好孩子在敏感期的行为规律，并加以科学的引导，帮助孩子正确地运用自然赋予的生命助力，那么，孩子一定会更加健康茁壮地成长。

俗话说："3岁看大，7岁看老。"3～6岁是孩子身心发展的关键期。因此本书着重和家长们探讨孩子在3～6岁敏感期内的种种特性、表现以及家长正确的应对措施，通过一个个真实的、熟悉的、生动的故事，揭示关于儿童敏感期的奥秘，破解孩子健康成长的密码，帮助家长正确地处理孩子敏感期内的种种问题。

希望这本书对父母们有用，尤其是年轻的家长们。当你一页页阅读本书之后，发出"噢，原来如此""竟然是这么回事"的感叹时，恭喜你，你正在运用这把金钥匙，破解孩子敏感期的秘密。有了这把金钥匙，相信你一定可以陪伴孩子顺利度过敏感期，让孩子成长为一个有自信、有同情心、有安全感和创造力的优秀儿童。

目录

Part3 亲密关系关键期：规则、爱和自由一个都不能少

Part4 入园入校磨合期：帮助孩子应对环境变化

Part5 习惯养成黄金期：让孩子学会掌控自己的行为

Part 1

3～6岁敏感期：父母一定要懂儿童的行为和心理

所谓敏感力，即孩子对外界环境影响所产生的特别敏锐的感受力。在敏感密集期，孩子会对特定事物或行为产生特别狂热的爱好与追求，因而在这一时期孩子的学习能力也特别强。但是敏感力具有短暂性，这就要求我们父母了解孩子的敏感期，把握这一阶段孩子的生理、心理特征，最大限度地利用孩子的敏感力，促进孩子的身心发展。

1 孩子为什么变得任性了

在元元四岁的时候，妈妈发现，她每次吃饭后总喜欢用袖子擦嘴巴。明明提醒她桌子上有餐巾纸，甚至把餐巾纸抽出来给她，她都视而不见，照样用袖子抹来抹去。更气人的是，元元有时候就像是故意做给妈妈看似的。妈妈不让她在床上吃东西，她偏要端着碗上床；大热天非要穿着冬天的靴子下楼去玩儿，而碰上天气变凉，想给她加件外套，她反而不愿意穿了。

这不，今天星期六，早饭过后，趁着爸爸在家休息不用上班，妈妈让他带着元元下楼去玩，自己在家大扫除，把家里好好收拾了一遍。洗衣服、擦玻璃、清厨房、清卫生间、扫地、拖地……忙完了这一切，妈妈已经筋疲力尽，靠在沙发上一动也不想动。

这时候，门口传来了爸爸跟“捣蛋鬼”元元的声音，妈妈赶紧坐起身来，对刚进门的父女俩说：“你们俩先把拖鞋换了，我这刚拖的地，还没有干，不然踩下脚印，我还得再收拾！”

爸爸没说什么，很快就换了干净的拖鞋。而元元听见妈妈的话反而来了兴致，爸爸妈妈还没反应过来呢，她就撒开腿从门口跑了进来，还故意在客厅里绕了一个大圈。顿时，干干净净的地板上就留下了一串黑黑的小脚印。

“元元!!! ”妈妈的气真是不打一处来，又是生气，又是无奈。

孩子的这些看起来任性的行为，其实是执拗敏感期到来的表现。

通常，孩子从2岁开始，随着自我意识的不断增强，自我意识与他人意识开始逐步分化，常常会不听从父母的建议和指令，变得固执己见，有时甚至出现反抗的现象，这就是心理学家所说的“执拗敏感期”。孩子这一敏感期的爆发高峰期出现在3～4岁，在这一时期，他们喜欢想当然地按照自己的意愿行事，而且这些行为常常不容变通。

在这一时期，孩子喜欢按自己的意愿行事，最明显的表现就是不与家长合作，甚至是故意与家长作对。不过，孩子并不是真的要与父母作对，只是执拗敏感期的一种本能排斥，是孩子自我意识的发展在“作祟”。父母要想很好地与这个时期的孩子“和平”共处，就应该先了解孩子形成执拗敏感期的原因。随着孩子生活范围的扩大和探索能力的提高，孩子的自我意识开始萌芽和发展，他们渐渐地发现自己可以控制的东西越来越多，也变得越来越喜欢挑战大人，并从中体会“自我”力量的强大。

然而，在面对孩子出现的一些“反抗”行为甚至是无理要求时，许多年轻父母因为不了解孩子在这个时期的心理特点，而采取了错误的应对方式，这不仅让孩子心理受挫，也使父母自己走入教育上的“误区”。

执拗敏感期的存在，与孩子的心理发育特点密切相关，这是孩子成长过程中难以逾越的，不以他们的意志为转移的阶段。如果大人不能坦然接受孩子的“执拗”，没有做好陪伴孩子度过这一时期的思想准备，没能恰当地采取“应对”策略的话，就无法保证孩子顺利度过这一时期，而孩子的心理也必定会受挫。因为当家长打破孩子的意愿或是秩序时，他们的内心是会痛苦的，所以才会做出“拼命”的反抗。试想，如果孩子的内心经常被这种痛苦所包围的话，又怎能不对他们的身心健康造成伤害呢？

孩子不是小大人，成人不能期待他们的行为会像我们一样理性而且自制，尤其是处于执拗敏感期的孩子，当他们提出什么要求的时候，家长一定要主动地站在他们的立场去理解孩子的内心世界，并尽量满足那些合理的或是非原则性的需求；对于那些我们不能满足的原则性的要求，也要善于理解孩子，用拥抱、讲道理、转移注意力、寻找替代目标的方法来平息孩子内心的痛苦。

由此看来，把握孩子的执拗敏感期就等于帮助孩子成长，而解决孩子执拗敏感期的问题，则要求家长学会在爱和理解的基础上，给予智慧且灵巧的变通。只有变通得好，才能缓解问题，从而使得孩子不可理喻的“胡闹”也不再是问题了。

尽管很多时候，孩子的所作所为在成人看来是那么的“不可理喻”，但是，一旦孩子的意愿被拒绝或是干涉，他们的内心世界就会有一种强烈的不安感，极易变得急躁不安、大哭大闹，而家长也会常常被孩子的“反常”行为搞得气愤不已。

毫无疑问，孩子的表现遵循了自然法则，而很多时候，很多父母的做法却违背了孩子成长的这一规律。他们往往会一意孤行地对孩子采取讲道理、好言相劝的策略，甚至是用以硬碰硬的态度来对待孩子，事实上，父母与孩子的这种“较劲”只会让孩子对换鞋、洗手这些事更加排斥，最终不仅孩子难受、委屈，父母也是既无奈又气愤，可以说真是两败俱伤啊。

因此，当父母遇到类似问题时，一是不要强行让孩子听自己的话，这样只会引起孩子的反感与反抗，甚至还会给孩子带来更大的心理伤害；二是要学会转变自己的教育方式，只要掌握了孩子的执拗心理，做一些变通，就能找到“对付”孩子的妙招了。当然，最重要的一点就是，对处于执拗敏感期的孩子，家长一定要用心揣摩孩子的行为，并给予足够的尊重和理解，这样孩子才能顺利而快乐地走过这段执拗敏感期。

2 孩子认定的秩序动不得

爸爸妈妈工作忙，筱筱断奶后就一直由奶奶带，跟奶奶的感情特别好。这一点妈妈平时也能理解，但今天发生的事情却让妈妈真的伤了心。

最近由于天气变化，奶奶的风湿性关节炎又犯了，住进了医院。晚饭后，妈妈带筱筱去看奶奶，筱筱很懂事，跟奶奶保证一定会乖乖睡觉。回家后，妈妈帮筱筱洗澡，脱衣上床，筱筱一直很乖。可当妈妈开始给她讲睡前故事时，发生了一件令妈妈非常生气的事。

当时，筱筱睡在被窝里，妈妈躺在她的小床边的躺椅上给她讲故事，就像每天晚上奶奶做的一样。可很快，妈妈就发现筱筱的注意力并不在故事上，她不安地在被子里翻来翻去，还不时起身盯着妈妈身下的躺椅。突然，她说："妈妈，你起来，坐到床边给我讲故事。"妈妈愣了一下，微笑着对筱筱说："妈妈今天很累，让妈妈躺一会儿好吗？"

"不行！"筱筱固执地摇着头，"妈妈，你不许躺着！"妈妈有些生气了："你这孩子，怎么这么不懂事？大人累了一天了，躺一会儿都不行吗？"妈妈打算不理会筱筱，继续躺在躺椅上讲故事。

"不行！不行！就是不行！"筱筱突然爆发出一阵尖叫，同时哭着来打妈妈手里的书。妈妈生气了，顺手在她屁股上打了一巴掌："叫你再不听话！”妈妈放下手里的书，侧过身子假装睡觉。没想到筱筱放声大哭，直哭得上气不接下气，甚至达到歇斯底里的程度。直到爸爸进来，将妈妈拉出房间，筱筱才慢慢止住了哭声。

“怎么回事，这孩子？”妈妈有些伤心。

“我问过筱筱了，她说那是奶奶的躺椅，你不能躺。”爸爸有些尴尬。妈妈听了更伤心了：“真是生的不如带的亲啊！”

筱筱的妈妈因为躺在奶奶的躺椅上给孩子讲故事，就引起了孩子那么大的反应，这的确有些令人伤心。然而，假如妈妈知道这只是孩子秩序敏感期的一种表现，就不会那么难过了。孩子的世界和成人的世界一样，是有秩序的，并且他们也需要这种秩序。从出生开始，孩子就对秩序有了敏感，井井有条的物体摆放、整洁有序的房间环境、按部就班的时间作息，在有秩序的环境中成长能让孩子身心愉悦，并能潜移默化地让他们成长为一个有秩序、愿意遵守秩序的人。筱筱之所以对妈妈睡了奶奶的躺椅有那么大的反应，其实并不是她不爱妈妈、不心疼妈妈，而是因为妈妈打破了她心中的秩序，因而变得狂乱暴躁。

对于孩子来说，秩序就是一种安全感。当秩序被打破时，这种安全感就会失去，孩子就会焦躁不安，甚至会出现大哭大闹的情绪反应。遇到这种情况，家长往往会很生气：“这孩子怎么这么执拗呢？非要按照自己的意愿来行事！”一些脾气暴躁的家长甚至会抓住孩子，不由分说地揍一顿。这一顿揍，就彻底打碎了孩子心中自我构建的秩序，让孩子陷入深深的痛苦中，甚至对孩子的智能发展造成可怕的影响。当孩子在自己的环境中逐渐建立起内在秩序时，他们的智能也在逐步构建起来。假如大人无法给孩子提供一个有序的环境，那后果正如著名儿童教育学家蒙台梭利所说的，孩子便“缺乏一个用以建立对各种关系的知觉的基础”，孩子的认知就会变得混乱而无所适从。

孩子的执拗或许正是家长最为头疼的问题，但是一定要尊重孩子的生命现象。作为父母，不要随意地改变孩子的生活环境，当不得不改变时，一要尽量将孩子的不安降到最低，二要学会接受孩子的发泄，让他们通过哭闹将焦躁和不安发泄出来，孩子最终会比较平和地接受已成的事实。

3 不只是吃着玩儿那么简单

“果果是个小馋猫，什么都要尝一尝。吃到一个红辣椒，辣得鼻涕眼泪淌！”

小朋友们拍着手，唱着歌，还不忘在果果的脸上“羞一羞”。三岁半的果果呆呆地站在花坛边，眼泪在眼睛里越聚越多，终于“哇”的一声大哭起来。

正好妈妈下班回来，看到这一幕，赶紧将果果抱在怀里，问奶奶：“果果怎么了？”奶奶没好气地说：“这孩子，上辈子一定是饿死鬼投胎的，抓到什么都往嘴里送。这不，早上跟我去买菜，对门王爷爷买了几个红辣椒，我一个没看住，她抓起来就咬了一口，结果不但被辣得哭了半天，还被小朋友们编了个歌嘲笑！”

妈妈听了，也是又好气又无奈。果果是个“什么都要吃的小馋猫”可不是一天两天的事了，记不清从什么时候开始，她变得对吃特别感兴趣，不管逮到什么，都是不假思索地塞进嘴里。大人怕不卫生，更怕出危险，果果为此不知被教训了多少次，可就是改不了。难道果果当真是传说中的“饿死鬼投胎”么？

这句话自然是不会有爸爸妈妈相信的，但相信果果家长的烦恼肯定很多。父母都曾遇到过：自己家的孩子怎么变得那么“馋”，什么好吃不好吃的，只要抓到手里，第一件事就是往嘴里送，而且还“屡教不改”，即便有时被辣得、烫得哇哇大哭，哭过之后依然故我。这种习惯跟“馋”其实根本没什么关系，尤其是在物质生活极为丰裕的现代社会，孩子什么好吃的没吃过？！当然更谈不上“饥饿”二字了。那为什么孩子还是喜欢把东西放进嘴里呢？

实际上，0～6岁的孩子正处于一个感官的敏感期。0～3岁，孩子通过耳朵听、眼睛看、嘴巴尝、用手抓等方式来熟悉周围的环境、感知陌生的事物；3～6岁，孩子则通过听觉、视觉、嗅觉和触觉等感官来对感知的事物进行分析和判断，从而感知世界、认识世界。聪明的爸爸妈妈不要因此而感到烦恼，而是要在确保孩子安全的前提下，鼓励并创造条件引导孩子更多地利用感觉器官去探索未知的世界。

用感官来认识世界是儿童与生俱来的一项本领，从他们知道了自己的这项本领后，便会一发不可收拾地开始了对世界的探索。什么是甜的和苦的，他们通过味觉来辨别；外界的声音纷繁多样，孩子总能通过听觉来获取让他们感觉温暖和安全的声音，如妈妈的歌声、爸爸的脚步声；一些家长抱怨孩子喜欢玩水，洗澡的时候不好好洗澡，把水泼得满地都是，其实孩子这是在用触觉来感受水的状态——流动的、温温的、抓不住的……

作为父母，我们应该在孩子感官敏感期给孩子提供更广阔的空间、更自由的条件和环境，准许孩子去触摸、去感受、甚至用嘴巴去品尝他所喜欢的、好奇的事物，当然，前提是要确保安全！

4 不要打扰孩子观察

最近，刚满三岁的融融喜欢上了一个“插小洞洞”的游戏。自从看见爷爷用牙签剔牙后，融融非哭闹着要牙签不可。拗不过他，爷爷只得将牙签尖的一头磨平，然后给融融。从此，这根牙签就成了融融最宝贝的“玩具”，无论走到哪里，小手都紧紧地攥着它，甚至吃饭、睡觉都不肯放下来。

妈妈怕融融不小心戳到眼睛，想了很多办法，但就是没法将牙签从融融的手中拿下来。妈妈学过一些幼儿心理学，知道这是幼儿在一定时期对某种物体产生依恋的现象，长大后会好的，于是便也不再强迫他了。可是，当融融迷恋上“插小洞洞”的游戏后，妈妈着实紧张了。

不知什么时候起，融融对一切小孔、小洞之类的物体产生了极大的兴趣。只要是一切有孔眼的东西，融融都想方设法将牙签伸进去探一探。哪怕走在路上，发现了一个蚂蚁洞，他都会突然停下来，蹲在地上，专心致志地研究半天，最后还非要将牙签伸进洞中东戳西戳半天，才肯离去。这倒没什么，令妈妈紧张的是融融对家中的插电孔也产生了极大的兴趣，找一切机会想到里面去“一探究竟”。他不仅用牙签，而且还用他那胖乎乎的小手指伸进插电孔，好几次都吓得妈妈出一身冷汗。为了解决这个问题，妈妈想了很多办法，比如恐吓他里面有大灰狼，吓唬他手指会被小孔里面躲藏的老妖怪咬掉等等，但都收效甚微。一看到融融饶有兴趣地盯着插电孔，妈妈觉得自己的心脏都快受不了了。

无论是融融喜欢细小的牙签，还是对小孔孔、小洞洞之类感兴趣，这都是孩子正处于对细微事物敏感期的一种表现。在这个敏感期中，孩子不但会对一些细小的东西表现出特别的兴趣，还能对一些在大人看来兴味索然的现象表现出极大的耐心，有时甚至令人惊讶。比如，看两只蚂蚁抬一颗米粒，孩子能蹲在墙角一看就是半天；看金鱼在鱼缸里游动，孩子也许能目不转睛地看两三个小时。大人们或许会想："这有什么好看的。"可孩子们却往往兴味盎然、乐此不疲。

对孩子们而言，在观察事物方面他们有着与成人们截然不同的视角。他们从自身的情绪和兴趣出发，对大人们毫不在意的细微之物，却往往能全身心地关注。孩子是最积极的观察者，在被大人忽视的细微之物中，他们常常可以捕捉到非凡的奥妙，并且乐在其中。因此，这一时期是培养孩子观察力和专注力的最佳时期，而作为父母，只要给孩子提供更多观察和体验的机会，并有足够的耐心，就一定能让孩子迈向构建想象力和专注力的世界。

在这一阶段，最忌讳大人用强迫性手段让孩子集中注意力在自己认为重要的事物上。比如，大人在用识字卡片教孩子识字时，孩子并没有关注图片或文字，而是盯着图片上某个污渍发呆。这时，有些大人就会发火，责骂孩子不认真学习，这实际上正是在扼杀孩子的观察能力和细心的习惯，而这些能力与习惯的养成要比简单地认识几个生词或字母的意义大得多。

5 认知能力迅速攀升

五月的一个下午，妈妈带着宝儿在小区的广场上玩，看见花坛边围了很多人，也凑过去看看热闹，原来是一家早教机构在招生。

“你家孩子几岁了？快上小学了吧？”招生的老师看见宝儿，很热情地跟妈妈打招呼。

“对，6岁啦，暑假过后就上学了。”

听到妈妈的回答，招生老师更加热情了：“我们识字速成班正在招生，专门针对幼小衔接的孩子，可以短期内让孩子认识1000个以上的汉字，这对孩子上学后的学习发展是很有好处的，妈妈给孩子报个名吧？”

妈妈一听笑了，很自豪地说：“我们家宝儿现在认识的字就不止1000个了。”

招生老师不信，拿了一叠厚厚的汉字卡片让宝儿认，除了三四个比较生僻的汉字外，300多个汉字宝儿一口气读了出来。这下宝儿和妈妈都成了名人，很多家长呼啦啦地围过来，争先恐后问妈妈是怎样教育出这么聪明的孩子的。

“你们家是不是所有房间的墙上都贴了识字图片？”一位妈妈问。

“我们家倒是贴满了识字图片，可孩子学完就忘，两三年下来还是没记住几个。”另一位妈妈懊恼地说。

“我们家没有一张识字图片。”宝儿妈妈微笑着回答。看到其他妈妈质疑的表情，宝儿妈妈解释说："其实我们生活中随处都有汉字，不论走到哪里，都可以看到汉字，为什么非要用识字卡片呢？识字卡片上虽然有图片，可是对孩子来说，认识了卡片上的图案后，他们对汉字就不感兴趣了。再说识字过程对孩子来说是枯燥的、乏味的，因为他们已经知道大人的目的是要让他们记住那些对他们来说并没有什么乐趣的汉字，汉字对他们来说只是一个个符号而已。所以不管你们信不信，我并没有有意识地教宝儿认字，而是在给她读故事书的过程中有意无意地指着书上的字念，她会跟随我的手指头看那些汉字，看得多了，慢慢记住的汉字也就越来越多了。另外，和她一起出门时，我也常常会指着商店、路牌、广告牌等有汉字的标识念给她听，告诉她这些是做什么的。这样，孩子就能把汉字和生活联系起来，在不知不觉中接受并记住，这对孩子来说，是一个很轻松并且充满乐趣的过程呢！宝儿现在看一些简单的幼儿读物都根本不是问题，而且越来越喜欢看书了，打手不放！"

宝儿妈妈真是一个充满智慧的妈妈。很多家长在孩子上学后诉苦："孩子不爱阅读，也不会写作文，怎么办？"其实他们就是错过了孩子的阅读敏感期。

孩子的阅读敏感期大多出现于4.5岁至5.5岁之间，因此，很多教育专家认为6岁前是孩子学习阅读最好的时期。但是孩子的阅读兴趣并不是天生具有的，要培养孩子的阅读兴趣，家长必须承担引导的职责。根据孩子敏感期的特点以及阅读习惯的养成规律，家长需要用各种方法激发孩子的阅读兴趣，而不是将阅读变成一个硬性的规定让孩子来完成。一旦孩子觉得阅读是一种枯燥而沉重的负担，他们就会产生抗拒心理，自然也就无法全身心地投入阅读，享受阅读带来的快乐了。

孔子曾说过："知之者不如好之者，好之者不如乐之者。""好之"与"乐之"都是因为产生了兴趣。所以，在孩子阅读敏感期，首要的任务不是教会孩子认识多少汉字，更不是教会孩子阅读的技能，而是让孩子产生对阅读的兴趣，积极主动地享受阅读带给他们的快乐，就像上文中的宝儿一样。

6 孩子总爱问为什么

“飞飞，睡觉了！”

妈妈喊飞飞来睡觉，飞飞蹲在金鱼缸旁不动：“为什么要睡觉？”

“因为睡觉就是休息，休息好了，明天我们才有精神玩啊。”妈妈知道“十万个为什么”开始提问了，于是便耐着性子回答。

“那金鱼为什么不睡觉呢？”

“金鱼也要睡觉的。你看，它们停在水里一动不动的时候就是在睡觉啊。”

“那为什么它们不闭着眼睛睡觉呢？”

“因为它们没有眼睑，不像我们人类有眼睑啊。”

“眼睑是什么？”

妈妈把自己的眼皮指给飞飞看，还合上，睁开，合上，睁开地演示了几遍。

“那它们为什么没有眼睑呢？”飞飞“打破砂锅问到底”。

妈妈有些回答不上来，也有些不耐烦了，但还是想了想说：“因为金鱼妈妈生它们的时候忘记了。”

“金鱼妈妈为什么会忘记呢？金鱼爸爸为什么不提醒它呢？”

妈妈有些崩溃了：“因为金鱼宝宝不乖，不肯上床睡觉，所以金鱼妈妈就不给它们眼睑。”

“金鱼宝宝为什么不乖啊？”

“飞飞！”妈妈声音高了起来：“哪有那么多‘为什么’？赶紧上床睡觉！”

“妈妈，金鱼宝贝为什么不乖？”飞飞固执地重复了一遍自己的问题。

妈妈火了，抬头看看钟，已经快10点了，于是在飞飞屁股上重重地拍了一巴掌：“你这孩子，分明就是捣乱！睡觉！”

“我不要睡，我要看金鱼睡觉！”飞飞也高声喊起来。

妈妈不由分说夹起飞飞拎进卧室，卧室里传来孩子的哭叫声。

这样的情景是不是很熟悉？或许每个家长都曾有过飞飞妈妈这样的经历。不知从什么时候开始，孩子的嘴里开始出现了无数个“为什么”。刚开始，爸爸妈妈会感到高兴：孩子会提问了，多聪明啊！可随着孩子问题越来越多，爸爸妈妈常常被问得张口结舌，当觉得孩子的问题简直是滑稽可笑、不知从何答起时，就会认为孩子分明是在捣乱，于是常常在呵斥与责骂中结束问答。

殊不知，简单粗暴的回答恰恰是扼杀孩子求知欲和好奇心的罪魁祸首。从3岁开始，孩子对文化的追求和探索就在不知不觉中展开了，这正是儿童文化敏感期的萌芽阶段。如果家长能在这一阶段细致耐心地对待这棵幼苗，当孩子长到6～9岁时，就会表现出对一切事物强烈的求知欲望和探索精神。众所周知，求知欲望和探索精神是一切科学文化学习最强有力的动力，无数伟大的科学家、文学家和艺术家都是因此而诞生的。

天空为什么是蓝色的？白云为什么会变化？花儿为什么闻起来很香？马儿为什么会跑？一加一为什么等于二？为什么会有男孩和女孩……无数在大人看来不屑于回答或者根本没有答案的问题，却是孩子们探索世界的开端。不要因为觉得孩子们听不懂科学的解释就敷衍了事，鼓励的笑容和宽容的态度便是对孩子最好的回答。尽管有些问题他们暂时得不到答案，但这种鼓励和宽容却将他们对世界万物的好奇心和探索欲保留了下来，而随之产生的想象力、理解力和思索能力则会令他们在科学文化学习的道路上越走越远，越走越宽。

Part 2

心灵教养准备期：给孩子足够多的心灵养料

如同身体的健康需要物质营养，孩子心灵的成长与心理力量的强大也需要获取足够的心理营养。作为父母，在了解孩子敏感期的特征之后，必须慎重考虑如何帮助孩子解决敏感期出现的问题，从身心上关心、理解孩子，给予孩子足够的心理营养，帮助孩子顺利度过敏感期，成为一个身心健康的人。

1 永远不要让安全感缺席

正在上班，妈妈接到了幼儿园老师的电话，让她马上去一趟。

老师在门口等着妈妈，一见面，老师就说："豆豆把一个小朋友的头打破了。"

妈妈大惊失色："怎么会这样？豆豆平常是个很胆小的孩子呀！"

老师忧虑地说："我正想找机会和你交流交流呢，豆豆最近变化很大，好像突然变了个人似的，没想到却发生了这样的事情。"

原来，课间活动时，豆豆在看书，一个小朋友凑过去想和豆豆一起看，豆豆不肯，小朋友就伸手去抢书。不料豆豆开始大哭大叫，并突然拿起窗台上的小花盆砸在小朋友的头上。

"幸好伤得不是太严重，只是破了一点点皮。不过豆豆原本是个很温和很乖巧的小女孩，怎么会突然变得暴力、狂躁呢？"老师说，"最近豆豆不爱说话，也不喜欢和小朋友玩，下课就一个人坐在角落里看书。上课的时候总是看着窗外，几乎从不举手回答老师的问题。以前豆豆最喜欢和小朋友们玩交换东西的游戏，可现在她每天都牢牢地抱住一本书，谁都不允许碰一下，连游戏都不肯参加了。"

看到豆豆这些天一直抱在怀里的书，妈妈忽然明白了什么。

原来这是爷爷临走前给豆豆买的最后一本书。豆豆的奶奶过世早，豆豆从小是爷爷带大的，因此对爷爷特别依赖，睡觉都要和爷爷睡在一张床上。随着孩子慢慢长大，妈妈觉得应该让豆豆学会自立了，而且一直让老人带孩子不好，尤其豆豆是女孩。于是妈妈换了份相对自由的工作，方便接送孩子，然后买了张车票送豆豆爷爷回了老家。

在火车站，豆豆抱着爷爷的头不肯放手，哭得几乎背过气去，可妈妈却近乎蛮横地将豆豆从爷爷怀中夺了过来。她想，豆豆和爷爷感情好，不舍得分开是正常的，等过一段时间豆豆将爷爷淡忘了，就会好的。没想到，豆豆不但没有忘记爷爷，还在性格脾气上发生了那么大的变化，这真让妈妈追悔莫及。

豆豆脾气性格的改变与爷爷的突然离去有着直接关系，她把对爷爷的想念和依恋全部寄托在了爷爷送给她的最后一本书上，因此她不肯别的小朋友碰她的书，也拒绝和其他小朋友一起玩游戏，其目的便是为了牢牢守住爷爷送给她的书。与其说豆豆守护的是书，不如说她守护的是和爷爷的祖孙情。可惜妈妈并没有在意孩子小小心灵里的这份沉甸甸的感情，而是用近乎蛮横粗暴的方式斩断了它，因而给孩子造成了极大的伤害。而孩子又会将这份伤害用自己的方式“转嫁”到他人身上，因此造成了另一位小朋友的受伤。

对自己熟悉的环境和人物的依恋是孩子秩序敏感期的一种表现，而父母常常因为急于培养孩子独立、坚强的性格而忽视了这一表现。当大人们将孩子硬生生从熟悉的环境中剥离或从他们依恋的人身边分开时，孩子的眼泪和抗议却常常被大人们认为是没出息、懦弱的表现，因而更加坚定了决心。想一想孩子因此而承受的痛苦吧，孤立无援的小人儿是怎样度过那一段对他们来说是暗无天日的时光的，难道不会让我们深深地心痛吗？所以，亲爱的爸爸妈妈，给我们的孩子多一点时间，多一点理解，更多一点耐心，不要简单地将对孩子的磨炼与有意让孩子受伤等同起来。要记住：只有更多的爱和理解才能呵护孩子幼小敏感的心灵，才能让孩子在安全的港湾里快乐健康地成长。

2 要让孩子知道父母的爱是满的

妈妈最近有些哭笑不得，原因是恒恒对她的爱太“霸道”了。

上个星期，妈妈到幼儿园接恒恒，一个小女孩的家长还没来接，妈妈看见她脸上的鼻涕没擦干净，便拿出一张纸帮她擦。不料恒恒突然冲过来，拉着妈妈的手就往门外走：“快走，妈妈！我们赶快回去吧！”妈妈说：“我给小朋友擦完鼻涕就走。”“不行！”恒恒大声说，“你是我的妈妈，你只能给我擦鼻涕！”说着，硬把妈妈拉走了。

周末，爸爸、妈妈和恒恒三个人一起去超市，恒恒一直缠着妈妈，一会儿就要妈妈抱，还不许爸爸替换妈妈。连坐超市的小推车也要妈妈推着，爸爸一碰小推车他就大发脾气，爸爸开玩笑地对妈妈低声说：“你看，你的小‘情人’吃醋啦！”可是妈妈却“苦不堪言”，因为买了很多恒恒爱吃的东西，恒恒甚至不让爸爸拎。爸爸一帮妈妈拎东西，恒恒就立刻抢过来，塞到妈妈手里：“这是恒恒的东西，要妈妈拎！”可怜妈妈拎到家，手都快累断了。

还有晚上睡觉，恒恒本来自己有个小床，可最近他突然要跟爸爸妈妈睡大床。每天晚上到睡觉的时间，他就夹着自己的小枕头，爬上大床，还非要睡在爸爸妈妈中间，要跟妈妈紧紧地挨着，把爸爸几乎挤到床下去。早上醒来，他第一件事就是摸妈妈，看看妈妈在不在身边，要是不在的话，就放声大哭，爸爸怎么哄都没用，非要妈妈来了才罢休。

昨天晚上，妈妈带恒恒去朋友家看望新出生的小宝宝，回家后，妈妈问恒恒："小宝宝可爱吗？"

"一点都不可爱！"恒恒大声回答。

"为什么？"妈妈奇怪地问，"我觉得小宝宝很可爱呀，小小的脸，小小的手，那么粉嫩粉嫩的。"妈妈笑着说。

恒恒没有回答，过了一会儿，他突然紧张地问妈妈："你和爸爸不会再生一个小宝宝吧？"

"有这个可能噢！"妈妈说的是实话，不料恒恒突然烦躁地大声嚷道："我不许你再生小宝宝！你是我的妈妈！我也不许你喜欢别的小朋友，你只能喜欢我一个人！"恒恒边叫边哭，妈妈站在一边，有些不知所措了。

很明显，恒恒进入了情感的敏感期。在这一时期，孩子对身边的人，尤其是自己最熟悉、最爱的人会产生一种近乎"霸道"的爱。这种爱表现在他们喜欢时刻跟自己所爱的人黏在一起，不愿意和别人分享所爱之人的爱抚与照顾；一旦发现自己所爱之人关注其他孩子或其他人时，他们会产生很痛苦、很烦躁的情绪。

那么为什么孩子会出现这样的情感期呢？主要原因有二：一是安全感，孩子最初的安全感都来自于妈妈，所以孩子对妈妈会有一种比其他任何人都强烈的爱和依赖，这种感情能给予他们安全感；二是"嫉妒"，"嫉妒"并不是什么不好的词，而是每个人情感发展过程中必然会出现的一种情感。正是因为"嫉妒"，所以他们非常排斥其他人靠近他们所爱的人，而想要独占所爱之人的爱。

所以，当孩子出现对父母或者其他人特别强烈、甚至独占性的爱时，我们唯一要做的就是尽可能多地把爱给他们，让他们知道，父母的爱永远不会改变，永远不会远离。

3 加入到孩子的队伍中

“三八”妇女节，妈妈放了半天假，高高兴兴地带着妞妞去逛商场。

在家里就跟妞妞说好，先带她玩一会儿淘气城堡——就是那些大型的充气玩具，然后再陪妈妈买漂亮的新衣服。可是当妞妞开开心心玩完了淘气城堡，轮到妈妈买衣服时，妞妞却闹起了别扭。

妈妈一件件在镜子前试衣服，妞妞坐在专柜的休息凳上。一开始她还能安安静静地坐着，可没多会儿，她就在凳子上扭来扭去，然后很快跳下来，跑到妈妈身边：“妈妈，我要回家。”

“妈妈衣服还没买呢！妞妞可不能说话不算话啊。”

“不行，我就要回家。”妞妞固执地说。

“我们在家可是说好的呀，妈妈先陪你玩淘气城堡，然后你陪妈妈买衣服，对不对？”妈妈耐心地说。可显然妞妞不是那么好说服的，她拨浪鼓似的摇着头，只重复着一句话：“我要回家！”

妈妈生气了：“你这孩子，怎么这么不听话？下次再也不带你出来玩了。”

妞妞也生气了，她大叫着说：“我要回家！我就是要回家！”

妈妈想发火，可是一想起平时看的育儿书，便硬按捺住火气，蹲下来，指着商场，温和地对妞妞说：“妞妞是乖孩子，你看，商场多漂亮啊！那么多的灯啊、花啊！还有美丽的花裙子、各种各样的玩具……”

可是妈妈突然呆住了，她再也说不下去了，因为当她蹲下来，和妞妞一样高的时候，她看到的只是柜台、玻璃、地板还有来来往往的大人的腿，一点也不好看。

妈妈好像突然明白了什么。她紧紧地将妞妞抱在怀里，毫不迟疑地说：“好，咱们回家！现在就回家！”

孩子因为年龄和身体的限制，无论是看世界还是看待问题的想法都是和大人们不一样的。他们有自己独特的视野，有自己独有的思想，而我们成人却往往喜欢从自己的角度来看待问题，自己喜欢的理所当然认为孩子也会喜欢，自己讨厌的理所当然认为孩子也会讨厌。我们过多地将自己的意志强加在孩子身上，却忽视了孩子的感受。我们总认为自己是对的，要求孩子按照我们的意志去遵守、去行动，却常常忽视孩子的视角和心理跟成人有很大的不同，强制性的要求会给孩子造成很大的痛苦和不满。

3～6岁的孩子还没有足够的表达能力让我们准确了解他们的感受，因此，作为家长，需要更多的耐心和技巧才能明白他们，蹲下和孩子说话，用孩子的眼光来看待这个世界，用孩子的心来理解他们的感受，才能真正帮助孩子顺利度过敏感期，才能让孩子的身心得到健康快乐的发展。试想一下，假如孩子心中有苦闷，但是却无法说出来，而我们大人也无法了解他们的苦闷，那么孩子该有多么难受？

“来！来！来！来到小孩子的队伍里，变成一个小孩。你不能教导小孩，除非是变成了一个小孩。”这是陶行知先生在1934年应儿童教育社同仁之邀，为教师们创作的一首《教师歌》，实际上是呼吁教师对儿童的理解和尊重。同样，作为孩子的第一任教师——家长，更要俯下身子，把自己变成一个孩子，设身处地地看孩子所看、想孩子所想，才能真正读懂敏感期的孩子想要的究竟是什么，才能帮助他们成长为一个身心健康、独立、纯粹的人。

4 允许孩子慢一点，再慢一点

一位年轻的妈妈牵着一个大约四岁左右的孩子在林荫道上散步。

一只小狗跑了过来，卷卷的毛，十分可爱，孩子的眼神一下子就被吸引住了。他目不转睛地盯着狗狗，一直到它在拐角处消失了，还一副意犹未尽的样子。孩子突然用力拽着妈妈的衣角往前拉，显然是想去追狗狗。于是妈妈牵着孩子的手往狗狗走的方向追去。追了好一段，终于在一家小院的门口看见了狗狗，躺在一位老奶奶脚下晒太阳。孩子用手指着狗狗，妈妈知道他想摸摸狗狗，于是便征得了老奶奶的同意。孩子摸着毛茸茸的狗狗，开心得不得了。

过了一会儿，孩子心满意足地跟着妈妈离开了。走到银行门口，孩子又被不停开关、并且还能发出“欢迎光临”的声音的自动门吸引住了。于是妈妈便被孩子拉着，在自动门里进进出出很多趟，直到孩子累了，自动停下才离开。

走了一段之后，孩子自己不知怎么发明了一个游戏，他不停地爬到路边花坛的水泥边沿上，然后用力地跳下来。一开始，他还有些害怕，要拉着妈妈的手，可是很快，他就放开了妈妈的手，一个人跳上跳下。爬上去，跳下来，再爬上去，跳下来……就这样，他一个人乐此不疲地玩着这个看起来似乎索然无味的游戏，直到满头大汗。

“妈妈，我们回家吧。”终于孩子累了，拉起妈妈的手要求回家。可是快到家的时候，他又被石子路上的一只癞蛤蟆吸引住了。

“妈妈，你等等我哈！”孩子抬起头看看妈妈。

妈妈微笑着回答：“好的，宝贝。”

他一直蹲在那里看到癞蛤蟆慢吞吞地消失在草丛里，才意犹未尽地抬起头，拉着妈妈的手慢慢朝家中走去，而这时，天已经快黑了。

一个多么有耐心的妈妈啊！

看了这一片段，大家似乎都会发出这样的感叹。其实，我想说的是，这更是一个聪明的、智慧的妈妈。她给予孩子的可不仅仅是耐心那么简单，她充分了解这个年龄阶段孩子的敏感期，并且给予了孩子足够的心理营养和成长空间，让孩子慢慢成长，顺利地度过敏感期。

“妈妈，你等等我。”有多少妈妈会在孩子提这样要求的时候微笑着回答：“好的，宝贝，你慢慢来。”我们总是火急火燎地想让孩子成长为我们想要的样子，总是认为孩子在无关紧要的事情上浪费太多的时间。一只小狗、一扇自动门，还有一只丑陋的癞蛤蟆，哪里值得浪费一个下午的时间？不如背几首唐诗，学几首童谣，这样还能提升孩子的智力。可是在这样做的时候，我们往往忽视了孩子发展最重要的因素：他们对外界事物的热烈的爱和敏锐的感受力。他们在注视被我们认为微不足道的事物时、他们在迷恋被我们认为穷极无聊的游戏时，实际都是在飞速发展他们的各种敏感力，一旦这种学习过程被粗暴地打断，就有可能会影响甚至中断他们的身心发展。而敏感期一旦被错过，很有可能是终身都补不回来的。

所以，让我们好好向上文中的妈妈学习吧，微笑地对孩子说：“宝贝，你慢慢来，妈妈会等你。”

5 真正的爱是没有条件的

放学了，孩子们陆陆续续地被家长接走了，最后只剩下新新一个人。他安静地坐在座位上，一会儿站起来往外看看，一会儿又坐下，焦虑不安地摆弄着手中的玩具。

过了一会儿，新新怯生生地走到老师身边，“刘老师，妈妈不要我了……”新新红着眼睛，话没说完，眼泪就流了下来。

“为什么？妈妈怎么会不要你呢？”刘老师很吃惊。

“因为妈妈说，如果我在幼儿园不乖的话，她就不来接我了。”新新哭着说。

“你不乖？”刘老师想了半天，终于想起来发生在午饭时的一件事。今天的午饭是胡萝卜菜肉饭，新新不喜欢吃胡萝卜，便把胡萝卜丁一个个挑出来，放在手帕里，然后偷偷藏在桌兜里，不料却被明明发现了。明明报告了刘老师，刘老师批评了新新，告诉他不能偏食，之后便把这件事给忘了。

“不会的，”刘老师笑着说，“妈妈肯定是因为有事来晚了，再等一会儿，妈妈很快就会来的。”

“会的，”新新坚持说，“妈妈说过，如果我不吃胡萝卜，就长不高，也不聪明；如果我不高，也不聪明，妈妈就不喜欢我，就不要我了。妈妈说要把我扔给讨饭的，让我做他们家的孩子……”新新一边说，一边哭得很伤心。

刘老师这才恍然大悟：怪不得孩子一下午都没精神，一直神思恍惚，原来是在担心妈妈不要他。她把新新抱在怀里，和声细语地宽慰了很长时间。新新妈妈来后，她又和新新妈妈交谈了很久，严肃地指出妈妈的错误——她的话对新新已经造成了很大的心理伤害。妈妈很后悔，她没想到自己随口的一句话竟然有这么严重的后果。

当着老师的面，妈妈抱着新新，对他说：“妈妈错了。下次妈妈再也不说不要你的话了。你是妈妈最爱最爱的宝贝，不管什么时候，妈妈都不会不要你，不会不爱你。”新新紧紧地搂着妈妈的脖子，半信半疑地问：“真的吗？”

“真的！不信，咱们拉钩！”妈妈坚定地说。

都说父母对孩子的爱是世界上最伟大的爱，是最无条件的爱，可是，真是这样吗？

多少次当孩子不听话、调皮捣蛋的时候，我们像新新的妈妈一样，对孩子说：“再这样！再这样就不要你了！”这样的话对于幼小的孩子来说很有震慑力，孩子往往立刻变得很乖，然后按大人的意志行事，大人们自然也很开心。是啊，孩子乖巧听话，怎会不是一件舒心惬意的事呢？可是，当我们这样做的时候，有没有想过：我们给孩子又带来了什么呢？我们违背了他们内心的意志，忽视了他们内心的感受，用强硬的态度让他们不敢违拗，而我们所利用的武器正是平常口口声声所说的“对孩子无条件的爱”。

这一时期的孩子正处于爱的敏感期，尤其对于父母的爱，他们全身心地渴望并依恋着，这是他们最大的安全感。对于大人吓唬他们的话，他们并不知道那只是一种恐吓，而是会信以为真，尤其是听到爸爸妈妈不要自己时，更会害怕、恐惧，完全地失去安全感。我们难以想象，一句恐吓的话在孩子心中会引起多大的惊涛骇浪。所以，请我们的爸爸妈妈像自己所说的那样，真正无条件地爱孩子吧，给他关爱，给他指引，让他在爱的港湾中幸福成长！

6 父母这面镜子要时时擦拭

不知从什么时候起，6岁的虎儿突然迷上了爸爸的手机。爸爸一下班，虎儿就立刻迎上去，讨好地帮爸爸拿拖鞋、拎公文包，有时还屁颠屁颠地给爸爸端来一杯水，目的就是为了拿到爸爸口袋里的手机。爸爸为了奖励虎儿，往往很豪爽地把手机往虎儿手里一塞："去吧，去玩吧！"虎儿拿到手机后，立刻跑到沙发上津津有味地玩起来。爸爸也很开心，很多次对妈妈说："你看，虎儿最近是不是懂事了很多？知道体贴大人了，还不捣乱，不再把家里搞得一塌糊涂了。"

可是妈妈却觉得越来越不对劲：虎儿现在对什么都不感兴趣，每天最大的期盼就是爸爸回家，拿到手机，然后一个人玩游戏、看视频，有时候叫他吃饭都不肯停下来。可爸爸却不以为然地说："手机么，孩子长大后总要接触的，现在提早让他玩玩也没什么大不了。再说，安安静静地看手机，也不上蹿下跳了，也不一天到晚缠着大人陪他到楼下去玩了，我们大人可以各自做各自的事情，多清净！"

可是这样的清净很快换来了"代价"：在幼儿园测试视力的时候，一向视力很好的虎儿竟然被查出了近视，不过幸运的是目前还仅仅是假性近视，通过治疗和保护，有希望可以恢复，但医生叮嘱一定要注意用眼卫生。比这更糟糕的是，妈妈发现原本活泼好动的虎儿现在变得有些孤僻、不合群，即便是妈妈带着他在楼下和几个孩子一起玩，他也是静静地依偎在大人身边，心里还总惦记着手机，时不时就翻妈妈的口袋，想拿到手机。如果妈妈不给他，有时他就发脾气，大哭大闹；有时就干脆拉着妈妈的手，坚决要早点回家。

妈妈意识到了严重性，很严肃地跟爸爸交流了这个问题，并达成了一致协议：以后在孩子面前，除了必要的接听电话、查看短信之外，绝不玩手机；将手机内的所有游戏和视频删除，告诉孩子手机最近出了点小故障；更重要的是，要花更多的时间和精力陪伴孩子，给孩子讲故事、陪孩子玩游戏，带孩子出去走走、看看，和小朋友们一起玩耍。

果然，一段时间之后，虎儿渐渐忘记了手机，每天回家不是玩积木，就是抱着故事机听故事，视力很快又恢复了正常。更让妈妈开心的是，他又喜欢和小朋友们一起玩游戏了，性格也重新变得活泼开朗，以前的虎儿又回来了！

现代社会，手机、电视、电脑、iPad等各种电子产品五花八门，各类电子游戏、搞笑视频等电子信息也如大海般泛滥，令人目不暇接。无论是等公交、办业务、还是在售票处排队，甚至在陪伴孩子玩耍时，每个大人手中都拿着一部手机，看得不亦乐乎。可是当我们大人沉浸于这些电子产品时，有没有想过会对孩子造成什么样的影响呢？

大人是孩子的镜子，当大人们沉迷于电子产品时，孩子也会对电子产品产生浓厚的兴趣。有些大人为了让孩子安静，让自己得以清净，甚至会主动把手机或电脑让给孩子玩。近些年，越来越多的孩子沉迷于电子游戏、网络动漫等，专家对此忧心忡忡。毋庸置疑，无论从身体发育还是心理健康上来说，电子产品对于孩子的危害都是相当大的。有些孩子变得驼背、近视，有些孩子变得孤僻、偏激，这对他们今后的人生之路都会造成不可估量的影响。

其实孩子最需要的不是电子产品，而是父母的陪伴。只要我们能用多点时间陪陪孩子，带孩子多出去走走、亲近自然，多与小朋友们接触，一起互动，就能很快地将孩子从电子产品的身边拉开。

Part 3

亲密关系关键期：规则、爱和自由一个都不能少

父母是孩子最亲密的人，也是敏感期对孩子身心发展影响最大的人，小到孩子的身心健康，大到孩子世界观、人生观的树立，都与这一时期的亲子关系有着密切的联系，因此建立和保持良好的亲子关系是父母的首要任务。

1 要懂得向孩子表达你的爱

入夜了，甜甜和妈妈躺在床上，享受着一天中最温馨的时光——亲子阅读。

今天妈妈读的故事是《猜猜，我有多爱你》。

“小兔子要上床睡觉了，他紧紧抓住大兔子长长的耳朵。他要大兔子认认真真地听他说。

“‘猜猜我有多爱你？’

“‘噢，我想我猜不出来。’大兔子说。

“‘我爱你有这么多。’小兔子说着，使劲儿把两只手臂张得大大的。

“大兔子的手臂更长，她也张开手臂，说：‘可是，我爱你有这么多。’”

听到这里，甜甜也伸开自己的小手臂说：“妈妈，我也爱你有这么多。”

妈妈笑了，亲亲甜甜的额头，继续读道：“小兔子想：嗯，这确实很多。

“‘我爱你，就和我举得一样高。’小兔子说。

“‘我爱你，和我举得一样高。’大兔子说。

“‘这真的很高，’小兔子想：要是我的手臂可以和她一样，该多好啊！”

听到这里，甜甜嚷了起来：“妈妈！这不公平！兔子妈妈是大人，肯定手臂比小兔子长啊！等小兔子长得和妈妈一样高了，不！比妈妈高了，就比妈妈爱得多了！”

“可是，你看，妈妈的手臂比你长，妈妈爱你那么多；等到你长得比妈妈高了，妈妈还是爱你那么多。妈妈对甜甜的爱永远都不会变。”妈妈温柔地说。

“对，甜甜的爱永远和妈妈一样多，甜甜爱妈妈也永远不会变。”甜甜紧紧地搂住妈妈的脖子。

妈妈继续讲着故事：

“小兔子看着树丛前方，无边的黑夜之中，再没有比上面那天空更遥远的了。

“‘我爱你，一直到月亮上面。’小兔子说着，闭上了眼睛。

“‘噢，那可真远，’大兔子说，‘真的是非常、非常远了。’

“于是大兔子轻轻地躺在小兔子的旁边，带着一个微笑，小声说道：‘我爱你，从这儿一直到月亮上面，再——绕回来。’”

“妈妈，结束了吗？”甜甜意犹未尽。

“嗯，结束了，小兔子睡觉了，兔子妈妈也睡觉了，甜甜和妈妈是不是也应该睡觉了呢？”

“是的，”甜甜打了个哈欠，“但是，”她依旧圈住妈妈的脖子，“妈妈，我爱你比小兔子爱妈妈更多。因为，”她眼珠子转了转，说，“我爱你，从这儿一直到月亮上面，然后再绕回来，然后再到月亮上面，再绕回来，再到月亮上面，再绕回来……”

妈妈笑了，她也紧紧地搂住甜甜，轻轻地说：“妈妈爱你，永远和你爱妈妈一样多。”

甜甜满意地睡着了，睡梦中还露出甜甜的笑容。

甜甜梦中的微笑是否深深打动了每一位父母的心？中国父母受传统文化的影响，大多认为爱的表达要含蓄，更有人认为对待孩子要像老话说的那样："疼儿不让儿知道。"天天把爱挂在嘴边，多肉麻啊！可是孩子还小，他们没有办法去感受父母埋在心底的爱，他们需要的是切实的爱、肯定的爱、热烈的爱，同样他们也会把得到的爱回报给父母。敏感期的孩子对父母的爱尤为渴望，他们在专注大人是否爱他们的同时，也在学习如何去爱，如何表达爱。

研究证明，一个在小时候得到父母全心关爱的孩子，长大后更能成长为一个身心健康、精神乐观、阳光、自信的孩子，更会关心和爱护他人。所以，年轻的爸爸妈妈们，不要吝啬你的语言，学会用最热烈的语言向孩子表达你的爱，让他们知道你有多爱他！让孩子遨游在父母之爱的海洋中，他们就会像鱼儿一样自由自在地快乐成长！

2 爱他就要信任他

最近，妈妈和薇薇在聊天的时候，发现女儿越来越多地说一句话："你可千万别告诉茜茜妈妈啊！"其实薇薇说的不过都是小女孩之间微不足道的小事，比如：前天她们发现了草丛里的一个蚂蚁洞；昨天吃冰激凌的时候先吃掉了蓝莓酱；今天又躲在门后吓了老师一大跳……

"为什么不能和茜茜妈妈说这些事呢？"妈妈问。

"因为这是我和茜茜之间的秘密。"

"那为什么你能告诉我，我们却不能告诉茜茜的妈妈呢？"妈妈还是有些不解。

"因为，"薇薇想了想说，"因为你不会骂我，你说过，你要和我做好朋友的啊！"然后又放低声音，很神秘地对她说："但是茜茜妈妈会骂茜茜。茜茜说她妈妈可凶了，如果她做了坏事，她妈妈就会打她，还会让她罚跪！"

薇薇的小脸上露出害怕的表情，薇薇妈妈有些震惊。虽然她和茜茜妈妈也是好朋友，知道她个性好强，事业做得也很不错，但是却不知道她对孩子竟然要求如此严格。她决定和茜茜妈妈好好谈谈。

茜茜妈妈听完，想了想，很有些后悔："的确，孩子一直都不怎么喜欢和我在一起，从小就怕我，可能是我对她要求的确太严格了。我总怕孩子会学坏，一发现她有不好的苗头，我就立刻教训她，总想着孩子的教育要趁早、要严格，不能让她发展到不可收拾的地步，到时候就晚了。但现在看来，我好像是做错了。我也很羡慕你和薇薇的关系，跟你那么亲近，茜茜跟我就不一样，现在话都不怎么跟我说。”

“是啊，”薇薇妈妈说，“如果孩子什么都不跟你说，那你怎么才能了解孩子、知道孩子最近在做什么、想什么呢？你总想着对孩子严格才能教育好孩子，可孩子如果都不敢跟你说话，你的教育又怎么能让她接受呢？其实，你想让茜茜对你像薇薇对我一样亲近很简单，那就是先让孩子信任你。”

茜茜妈妈听了，若有所思地点了点头。

孩子在敏感期内，由于身心的迅速发展，总会出现一系列看似问题的问题。其实孩子这些看似不好的行为，随着敏感期的过去，都会自行修复和纠正。大人们要做的首先是充分信任孩子，就像信任一颗坚硬的种子，经过悉心灌溉、阳光照耀、松土施肥，就一定能够开花结果一样，给孩子足够的空间和时间，孩子就一定能够按照生命的自然机制去发展，成长为一个完整的人。

只有信任孩子，才能得到孩子的信任，而这正是建立良好亲子关系的重要法则。很难相信，一个不信任自己父母的孩子会拥有健康的心理，假如连自己最亲近的父母都不能信任，那么这个世界对于他们来说是多么可怕！在现实生活中，像茜茜妈妈一样的“严父”“严母”不计其数。当然从小对孩子严格要求是对的，但假如在孩子发展至关重要的敏感期用大人的标准来严格要求孩子的话，那么孩子在懵懂无知的时候就会对这种严格产生恐惧，进而抗拒，那么孩子又怎能敞开心门接受父母的指引和教育呢？一个处于敏感期的孩子一旦关闭了心门，就等于关闭了通往外界的道路，又如何才能健康快乐地发展呢？

所以，建立良好的亲子关系从建立信任开始吧，信任孩子，也努力地让孩子信任你，让孩子把你当作可以信赖、可以依靠的大朋友，才能帮助他们顺利、快乐地度过敏感期。

3 孩子眼里没有小事

一天早上送萌萌去幼儿园时，在校门口，她突然停下，对妈妈说："妈妈，我有一样宝贝交给你。"

"什么宝贝？"妈妈有些好奇。

萌萌在口袋里掏了半天，小心翼翼地摸出一张纸片，轻轻地放进妈妈的手心，很郑重其事地说："这是我和星宇的结婚证，本来我想自己保管的，可是我怕在幼儿园弄丢了，所以交给你帮我保管，你可千万别给我弄丢了啊！"

妈妈听了差点笑出声来，6岁的孩子，还有什么结婚证！但是她忍住了，接过那张小纸片，对萌萌说："好的，妈妈替你保管，你就放心去上学吧。"

萌萌安心地进了教室，妈妈打开纸片一看，只见上面画了两个手牵手的小人，还有一些看不懂的符号。妈妈笑了，也没当回事，顺手塞进了提包。

放学后，萌萌一见妈妈就问："我的结婚证呢？"

妈妈在提包里找了半天都没找到，萌萌的小嘴瘪着，眼泪在眼圈中直打转："你是不是把我和星宇的结婚证弄丢了？"

妈妈歉意地说："妈妈今天太忙了，忘记放在哪里了，明天再找出来给你好不好？"

"不好，"萌萌说，"我和星宇约好一人保管一天，明天早上要交给他的。”

萌萌的眼泪像断线的珠子一样落下来，妈妈连忙说：“妈妈肯定是忘在办公室了，现在就回去给你拿好不好？”

开车去办公室的路上，爸爸责怪妈妈：“你啊，就是太宠孩子了，不过是小孩子过家家玩的东西，还值得下了班还返回去拿？”

妈妈正色说：“在我们大人眼中不值一提的小事，在孩子眼里可是大于天。他们可不认为是过家家，她和星宇可是认真‘结婚’的。我不喜欢大人给她一种感觉：结婚是件很不严肃的事情；我更不想让她觉得，大人根本没把她放在心上。她把最珍贵的东西交给我保管，但我却弄丢了，我要是不把它找回来，或许就会把女儿对我的信任和依赖也弄丢了。”

爸爸听了，惭愧地说：“你说的对，这不是一件小事。”

“关于孩子的事，每一件都是大事。”妈妈说。

幸运的是，妈妈在办公室的废纸篓里找到了那张小纸片，原来是白天不小心和一些废资料一起当作垃圾扔掉了。

“好在及时来找，否则明天上班前肯定就被打扫人员给清理掉了。”妈妈舒了口气。

萌萌看见妈妈手中的“结婚证”，上去就搂着妈妈的脖子亲了一口：“我就知道，你是我最好最好的妈妈！”

对于大人来说，孩子的行为有时实在可笑，根本不值一提。可是对于孩子来讲，在他们小小的心灵中，每一件小事都是天大的事情。和小朋友争抢一块糖、和小朋友吵架又和好了、老师今天奖励了一朵小红花、同桌今天告诉了我一个小秘密……这一切，孩子都当作一件大事，认真地和大人们讲，这其实都是在和大人们分享属于他们的快乐、痛苦、愁闷和幸福。而我们大人却常常忽视孩子的这种感受，要么听的时候漫不经心，要么索性直接打断：“好了好了，别说了，没看见妈妈正在忙吗？一边儿玩去吧！”

于是，孩子撅着小嘴走开了，同时走开的还有他们那颗受伤的小心灵。孩子那么迫不及待地想和我们分享他们的世界，而我们却将他们拒之门外，久而久之，孩子就会和大人生疏，慢慢地，他们就不愿意和大人交流，从而慢慢封闭自己的心灵，关上了心门。

所以，无论孩子说什么、做什么，都请用认真的态度来对待他们。记住：孩子的每一件事都是大事，因为这和他们的心灵息息相关，也和建立良好的亲子关系紧密相连。

4 “你怎么看”——亲子最佳引导语

小松父母每次带孩子参加聚会，都会受到亲朋好友的夸赞和羡慕，很多时候，更是被众多“取经者”包围，纷纷向他们请教“教子秘方”。在大家的眼里，小松聪明、大方，懂礼貌，更重要的是，他说话做事像个小大人，很有主见。特别是跟一群小朋友在一起的时候，小松每次都是无可争议的“小领导”，很有号召力，大家也都愿意听他的话，跟从他的“领导”。

“这么优秀的孩子，你们究竟是怎么教出来的？”

每当听到这样的问话，小松的父母总是笑着说：“其实也没教他什么，我们只是在遇到和他有关的事情时都会征求他的意见，听取他的想法而已。”

“征求一个6岁小毛孩的意见？”有人惊叫起来。更多的人是不屑：“小孩子懂什么？难不成大人都听他的不成？”

“不是说大人都得听孩子的，只是孩子也有自己的想法啊。”小松父母说，“大人不是‘一言堂’，只有顾及到了孩子的想法、尊重孩子的意见，孩子才能感受到平等、民主的家庭气氛，才能培养他自尊、自信、乐观、开朗的性格。”

“大人吃的盐比孩子吃的饭都多，走过的桥比他走过的路都多，大人听孩子的，那这世界还不颠倒过来。”有人不以为然。

小松的父母讲了一件事：“小松上幼儿园中班的时候，我们看到很多父母给孩子报了兴趣班，学习舞蹈、跆拳道、画画什么的，我们也想给孩子报。但是我们并没有直接给他报，而是带他到培训机构去玩，看看他对什么感兴趣。小松被琴房的琴声吸引过去，然后就站在门口不肯走了。我们趁课间休息的时候对老师说，让小松摸一摸钢琴行不行。老师答应了，小松坐在钢琴上兴奋得不得了，东摸西摸，对这个有着长长的一排键、能发出美妙声音的大家伙特别感兴趣。回家后，我们问他想报什么班，他说想学钢琴。于是我们就给他报了钢琴班。”

“可我女儿一开始也对钢琴挺感兴趣的，但学了一段时间后就不肯再学了，你们怎么就能坚持下来呢？”

“因为在一开始我们就对他说，学钢琴是很辛苦的，但这是你自己选择的，就一定要坚持到底。小松也有不想学的时候，我们当时也不强迫他，让他通过其他事情放松一下，或者转移一下注意力，过后再慢慢引导他，总之是想办法让他坚持下去，但绝不采用打骂、恐吓等强制性手段。所以说，凡事听听孩子的意见和听之任之、没有原则地纵容是不一样的。”

尊重，是构建良好亲子关系的基础，只有当大人学会了尊重孩子、体谅孩子内心的想法，沟通才能真正地开始。

不要以为3～6岁的孩子是什么都不懂的小毛孩，他们正处于感知世界、自我觉醒的敏感期，虽然他们的身心都还远远没有成熟，但是他们的自我尊重和尊重他人的萌芽正在形成，因而也特别容易受到打击。

所以，大人应该给予孩子足够的尊重，因为这关系到他们一生的发展。我们父母的思想中往往还存在一些传统观点，认为孩子是自己的附属物，大人怎么决定、怎样安排，孩子就得怎样遵守。尤其是对于学龄前的孩子，更是认为他们没有思想、缺乏经验，所以做任何事情都是自己说了算，根本不去考虑孩子的感受，更别提征求孩子的意见了。而研究证明，一个在童年时期受到足够尊重的孩子，长大后会更加珍惜自己的权益，同样也会更加珍惜他人的权益。因为一对尊重孩子的父母，他们的行为本身就是在教育孩子如何尊重他人。

5 给孩子恰当的鼓励

星期天，妈妈和爸爸一起带布布到公园去玩，正好碰到了一个朋友。朋友发现布布和爸爸妈妈的关系特别好，孩子也特别听话。朋友羡慕地说：“你怎么把孩子教育得这么乖？我家儿子就不行，什么都和你对着干。真让人头疼。”

布布妈妈还没回答，正好这时，布布看到前边草丛上有一张废纸，他走上前捡起来，然后扔进了垃圾箱。布布妈妈大声说：“布布真棒，不但知道垃圾不能随地乱扔，还会帮忙捡垃圾，清洁工阿姨要是看见了，肯定也会表扬你。”

布布开心地笑着，拉起爸爸的手往前跑。朋友对布布妈妈说：“我发现你特别喜欢说‘布布真棒！’这句话，一会儿工夫，你都说了三四遍了。”

“布布特别在意大人对他的评价，这一点我在他两三岁的时候就发现了。”布布妈妈说，“所以对于他所说的话、所做的事，我都特别上心。每当他表现好，或者做了一件好事，我都会大声地表扬他。比如刚才，他把喝完的可乐瓶拿在手上很长时间，直到看见一个垃圾桶，才跑过去扔掉，我就表扬他了；再比如，他在玩独木桥的时候，看见一个小朋友比他小，他很自觉地让在一边，让小朋友先过，我也表扬他了。要知道，你的表扬就是对他行为的肯定，孩子就会知道他这样做是正确的，是值得骄傲的，那么他今后就会继续这种行为。经常表扬是一个反复肯定的过程，同时也是一个强化记忆的过程，久而久之，孩子自然越来越听话了。”

“嗯，这一招的确不错，我回去也得试试。”朋友说。

“但是你要记住，表扬孩子不能过于空洞，”布布妈妈说，“你发现没？我虽然一开始总是说：‘布布真棒！’但我接下来一定会把他刚刚做过的事重复一遍，让他知道自己究竟是因为什么受到了表扬。表扬孩子要具体化，而不是总把‘你真棒’挂在嘴上。否则，孩子听腻了，以后可能就不买你的账了。”

“此外，还有最重要的一点，”妈妈笑着说，“千万不要滥用‘你真棒’这句话，一定要在孩子的确做了好事，或者有好的行为表现时，才能大声表扬他。不能因为想让他听话而胡乱夸他是个好孩子。因为孩子会想：‘我一点都不乖，还夸我真棒，那我索性不乖好了。’这可是我自己琢磨出来的真理哦。”

处于敏感期的孩子就像布布一样，特别在意大人对自己的评价，也特别在意父母对自己的感情。要想拥有良好的亲子关系，要想让孩子变得懂事听话，正面的肯定和表扬不失为一个好方法。因为当孩子听到你的表扬时，他感受到的不仅仅是肯定，还有你对他的关注和关爱，而这正是帮助他们树立自信的基础。

鼓励是家庭教育中比较重要的方法之一，每个孩子都需要不断的鼓励才能获得自信、勇气和上进心，这就像植物必须每天浇水才能生存一样。清代教育家颜元说过：“数子十过，不如奖子一长。”

有位家长曾经抱怨过：“我家的孩子实在是太顽劣了，我几乎找不到可以表扬他的地方。”没有人会相信这句话，每个孩子都会有缺点，每个孩子也都有善良、可爱、纯朴的天性，细心的父母总是可以从小事中发现孩子的闪光点。鼓励就是为孩子提供机会，培养一种信心：对我感兴趣的事我有能力做出贡献；我可以对周围的事物及我本人的生活产生影响；我可以对我感兴趣的事做出积极主动的反应。即便是浑身毛病的孩子，也可以在引导孩子逐步改掉缺点的过程中，为孩子的每一点进步而欢呼、而赞扬，那么相信孩子一定会变得越来越好，而你和孩子的心也一定会越来越贴近。

6 爱，但不溺爱

贝贝妈妈可谓是“晚来得子”。

和贝贝爸爸结婚后，贝贝妈就一直怀不上孩子，后来到医院做检查，才知道自己原来是先天性卵巢功能障碍。后来历经长达七年的治疗，终于才有了贝贝。从贝贝呱呱落地的那一刻起，妈妈就在心中暗暗发誓：一定要把所有的爱都给这来之不易的孩子。

贝贝是闻名整个小区的“宝贝疙瘩”。因为不放心老人带孩子，贝贝妈放弃了自己的工作，专职在家带贝贝，将贝贝照顾得是无微不至，贝贝生活上的一切，几乎都被妈妈包办了。贝贝6岁了，吃饭、穿衣、上厕所等生活小事，在家里是从来不做的，更别说帮大人做些家务活了。像是整理玩具、收拾自己的房间，贝贝根本毫无概念。贝贝妈妈一听别人建议让贝贝参与到家务中去，就会大惊小怪地说：“孩子那么小？怎么舍得让他干活？”

妈妈不仅“包办”了贝贝在生活上的一切，就连活动以及和小朋友交往，贝贝妈妈也是“横加干涉”。比如，有一次，贝贝看见一个孩子在台阶上跳上跳下，他也来了兴趣，爬上台阶，刚想往下跳，就被妈妈急匆匆地制止了：“贝贝，那么高的台阶，万一摔伤了怎么办？”说着将贝贝一把抱了下来。贝贝羡慕地看着那个比自己还小的孩子欢乐地跳着台阶，眼睛里有着和年龄不相称的寂寥和孤单。

还有一次，贝贝在小区公共活动场所和一群小朋友玩，不知因为什么和一个小朋友起了争执，贝贝就开始哭，妈妈看见了，急忙跑上前，将贝贝紧紧抱在怀里，大声呵斥另外一个孩子。那个小朋友的家长看见了自然也不乐意，上前和贝贝妈理论："孩子的事，让孩子自己解决，大人插什么手？"双方几乎动起手来。之后，小区的大人看见贝贝都有些害怕，有意无意不让自家的孩子和贝贝玩耍。妈妈自然求之不得，她生怕那些孩子一不小心碰伤了贝贝，可是每当贝贝紧紧地牵着妈妈的手，远远地望着孩子们在一起疯玩、开心得大叫时，眼中总是流露出强烈的渴望和淡淡的哀伤。

每一对父母都深爱着自己的孩子，总希望给他们最好的照顾和最大的安全感，可是世间任何事情都有着两面性，有时候，爱，过了头，就变成了伤害。

贝贝在妈妈"无微不至"的照顾下，看似是幸福的。可贝贝真的幸福吗？看看孩子的眼睛就知道，孩子眼中那想要与小朋友玩耍的渴望，那与年龄不相符的哀伤与忧愁，就知道贝贝其实生活在妈妈爱的"桎梏"里，难以呼吸。可以想见，在这种模式下成长起来的贝贝，无论是生活自理能力还是心理健康程度都是有所欠缺的。

包办孩子的一切，其实就是剥夺了他们成长的乐趣。尤其对于处于敏感期的孩子们来说，无论身体还是心灵，都在急速地发展着。作为父母，应该给他们提供一个自由、宽松、充满爱但是却没有禁锢的环境，鼓励他们、帮助他们快速地发展，而不是以“爱”为名义，限制他们成长的自由。

敏感期一旦过去，就很难再回来，而本应在敏感期所发展的技能及心理机制，一旦错过，也很难再补救。可以毫不夸张地说，溺爱就是一种犯罪，因为被溺爱的孩子不但被剥夺了身心发展的机会和快乐，今后想要进入社会、在社会上立足也会更加困难。

Part 4

入园入校磨合期：帮助孩子应对环境变化

宝宝入园后之所以哭闹，最重要的原因是他们对幼儿园的陌生环境感到害怕。从家庭环境过渡到幼儿园环境，你的孩子准备好了吗？作为家长我们应该为孩子做更多准备，消除孩子对幼儿园的陌生感、距离感，顺利帮助他们度过入园磨合期。

1 几岁是孩子的最佳入园年龄

月月的妈妈到国外进修一年后回来，月月已经三岁半了，于是赶紧找人把月月送进了幼儿园。

园长安排月月进小班，可月月妈妈不同意，她看看小班的孩子们，觉得月月无论从个头上还是能力上都比他们强。而且她觉得跟着小孩子容易幼稚，而要是跟大孩子们在一起生活学习，就能学到更多的东西，能力的进步也能更快。于是她向园长提出，直接让月月上中班。

园长一开始不同意，说月月没有上过幼儿园直接上中班，怕她跟不上。月月妈妈说，幼儿园又不像小学，没有正规的课程，不存在能不能跟上的问题，还是坚持要让孩子进中班。最后园长只好答应月月妈妈的要求，但强调这只是“实习”，一个月后视情况再做调整。

不料只过了四天，月月妈妈就又找到了园长，说还是让月月到小班吧。原来月月到了中班之后，和周围的孩子相比，还是有很大差距的。首先，其他孩子都是从小班升上来的，在幼儿园已经待了一年，对园内的情况、老师、同学都非常熟悉，而月月初到一个陌生的环境，很不适应；其次，和大孩子在一起，月月的“优势”一点都没有，无论做什么，上课也好、游戏也好，她都成了“尾巴”，孩子很不开心，回到家里都闷闷不乐，每天早上也不愿意去上学。月月妈妈为了改变这种情况，主动找到园长，要求让月月重新进小班。

月月到了小班之后，这种情况很快就得到了改善。由于月月比同一班级的孩子大上几个月，所以在自理能力和认知能力上还是有一定优势的，老师经常让月月充当“小助手”，比如帮助老师排排碗筷啊什么的，月月很积极，也很开心，她很享受这一过程。渐渐地，笑容又回到了月月的脸上，甚至每天开始盼着上幼儿园。月月妈妈这才意识到，什么“超前发展”之类的都比不上孩子的自信和快乐来得重要。

孩子几岁上幼儿园是最合适的？这个问题想必很多家长都曾困扰过。的确，看到别人家的孩子两岁就送去了“小小班”，自己的孩子如果不去，生怕一开始就输在了起跑线上，心有不甘；可是假如孩子两岁就送去幼儿园，又怕孩子太小，无法适应幼儿园的生活和教学，担忧太多。那么，孩子究竟在几岁上幼儿园最合适呢？

一般而言，我国规定孩子上幼儿园的年龄在3周岁，也就是说3～4岁的孩子上小班、4～5岁的孩子上中班、5～6岁的孩子上大班。这是有科学依据的。孩子太小，自理能力、对新环境的适应能力都比较弱，而一个班级往往又有几十个孩子，两三个老师实在没有精力能照顾得面面俱到，所以孩子无法适应这样的集体生活。而他们一旦有了不愉快的体验，就会对上幼儿园产生厌恶或恐惧，这些不好的体验则会直接影响他们今后的生活与学习。孩子满三周岁后，语言表达能力、认知能力和基本的生活自理能力都达到了一定程度，可以离开家庭和亲人，更好地适应幼儿园的生活与学习。同时，这个年龄段的孩子，需要更加宽阔的空间和新的集体来促进他们的身心发展，狭小熟悉的家庭生活空间已经不能满足他们的需要了。因此，这时把孩子送到幼儿园是最恰当的时机。

孩子的发展需要循序渐进，有的家长也像月月妈妈一样，认为自己的孩子能力强，可以直接上中班，其实，这对一般孩子来说是不适宜的。

2 哪家幼儿园最合适

过了年，笛笛就三岁了，妈妈开始考虑送笛笛上幼儿园，但是全市那么多幼儿园，究竟应该选择哪一所呢？

问了很多朋友，众说纷纭，于是妈妈决定亲自考察。实地观察过很多幼儿园之后，妈妈果断决定将笛笛送到一所新加坡与中国合资开办的双语幼儿园。虽然这所幼儿园收费标准远远高于其他幼儿园，但是宽敞明亮的教室、环境优美的校园、现代化的教学设施以及名校毕业的一流师资还是打动了妈妈的心。

可笛笛入园后，妈妈发现笛笛似乎并不是很喜欢这所妈妈为她精心挑选的幼儿园。有好几次，她甚至哭喊着不肯去上学。特别是有一次笛笛带到学校去的零食被老师没收的第二天早上，她哭得眼睛都睁不开、嗓子都哑了。妈妈看了实在心疼，于是打了个电话给老师，想替笛笛请一天假。老师得知缘由后，很礼貌但是很原则地说了一句话："你这样做，看似心疼孩子，其实是害孩子。"妈妈听了当时心里还很惭愧，坚决把笛笛送到了幼儿园。

之后这样的情况又出现过几次，虽然笛笛用眼泪、用哭喊抗拒，但妈妈坚持不为所动，因为她觉得老师的话对，假如惯着孩子，那就是害了孩子。让孩子坚持上幼儿园就是对她的锻炼和捶打，这样才能让孩子成长为一个坚强、有毅力的人。

可是后来，妈妈发现笛笛变了，原本活泼可爱的孩子，现在变得不爱说话，晚上还一个人偷偷地哭，甚至不敢放声大哭。看她的眼神也是躲躲闪闪，不愿意跟人交流。不要说“双语”，现在就是汉语都不愿意开口。

幸好这种情况持续没多久，由于工作调动的原因，笛笛一家搬到了另外一个城市，笛笛也换了一家幼儿园。这家幼儿园没有那么多耀眼的“光环”，是一家老牌子的公立幼儿园。设施有点陈旧，教学设备也没有原来那家幼儿园先进，但是老师们看起来都很可亲。尤其是笛笛的班主任，她是一位工作了十多年的老教师，耐心细致，对笛笛非常亲切。笛笛很快爱上了她，也爱上了这个幼儿园和小朋友们。每天上幼儿园对于她来说不再是一件恐怖痛苦的事，而是充满了期待和快乐。

孩子到了上幼儿园的年龄了，那么到底怎样的幼儿园才是好的幼儿园？或许笛笛的故事可以给我们家长一点启示。

我们在为孩子选择幼儿园的时候，通常最关注幼儿园的硬件设施：优美的环境、高档的设备、先进的办学理念、名校毕业的师资力量等等，可是我们却常常忽略它们的人文环境，这也是大多数幼儿园在宣传广告中很少提及的一条。要知道，孩子不是单纯的学习机器，他们更需要的是老师满满的关心与爱护。无数的事例证明，一家缺乏关爱的幼儿园无论它的硬件设施多么先进，都无法真正提供孩子成长所需要的营养，尤其是心理营养。

那么怎样判断一家幼儿园是否充满了爱呢？家长在选择幼儿园的时候，要多听听亲戚朋友家孩子们的意见，都说童言无忌，孩子对于他们所在幼儿园的评价最为客观真实。还有一位很聪明的妈妈，在几家幼儿园的门口连续观察了好几天，她发现有一家幼儿园的孩子上学时最快乐，几乎都像小鸟一样离开父母的怀抱，扑向老师的怀抱。然后她果断地为自己的孩子选择了这所幼儿园，虽然它并不是最贵的，也不是名字最“洋气”的。这位妈妈用自己的智慧，选择一个最简单的方法解决了一件不小的难题。

3 在家模拟入园环境

过了暑假，欣欣就要上幼儿园了。为了让孩子能够更快地适应幼儿园的生活，妈妈决定利用暑假对孩子进行“入园培训”。

首先是心理上的准备。为了让孩子接受并喜欢幼儿园，妈妈经常给孩子心理暗示，让孩子对上幼儿园充满期待。比如当欣欣一个人在家觉得无聊时，妈妈就会说：“欣欣马上要上幼儿园了，幼儿园里小朋友可多了，还有很多好玩的玩具，欣欣就再也不会觉得无聊了。”或者对欣欣说：“要是你表现好，妈妈过了暑假就送你去上幼儿园。”这样，让欣欣觉得上幼儿园是一件很有趣、很值得期待的事，而幼儿园则是一个比家更有意思的地方。

其次，妈妈开始着重训练欣欣的自理能力。因为妈妈知道，一个班级二三十个孩子，两三个老师是无法将每一个孩子都照顾妥帖的，为了孩子能更好地适应幼儿园生活，最好的办法就是让孩子尽可能学会自理。

这个需要“培训”的内容真的很多，比如上厕所，为了教欣欣怎样脱裤子、怎样坐马桶、怎样小便才能不弄湿裤子、大便后怎样擦屁股等等，妈妈反反复复不知教了多少次。这对于三岁左右的孩子来说的确是个“技术活”，好在欣欣妈妈有耐心，经过差不多两个月的培训后，欣欣已经基本掌握。另外，一些日常生活的基本技能也是妈妈训练欣欣的重点，比如吃饭喝水的技巧，穿衣服、裤子以及鞋子的方法等等，妈妈都对欣欣进行了反复训练。

最后，妈妈按照幼儿园的生活作息表对欣欣的作息时间进行了调整。人体的生物钟很奇妙，一段时间内只要坚持不懈地按照一定规律进行作息，就会形成固定的生物钟。这对孩子来讲尤其如此。欣欣妈妈尽可能将欣欣一天的安排向幼儿园的作息时间看齐，比如入园时间是8：30，妈妈就每天坚持7：30叫欣欣起床。有时周末爸爸说让孩子多睡会儿懒觉，妈妈怕扰乱欣欣的生物钟，还是坚持让欣欣按时起床。12～14点是孩子们午睡的时间，以前欣欣很少午睡，暑假里妈妈就开始规定每天这个时间欣欣必须上床午睡。一开始欣欣睡不着，但妈妈不允许她下床走动，尽量保持家中安静。慢慢地，欣欣养成了午睡的习惯。

两个月的时间很快过去，9月份欣欣上幼儿园了。很多孩子在刚入园的时候有这样那样的不适应，可是欣欣经过妈妈长时间有意识的“培训”后，仅用了一两天就适应了幼儿园的生活，还经常受到老师的表扬呢！

很多孩子在上幼儿园初始总有这样那样的不适应，虽然每个班级都有班主任、任课老师以及生活老师，但任何一个幼儿园都不可能按照一比一的比例安排一个老师照看一个孩子，孩子不可能像在家里一样过着“小皇帝”“小公主”的生活，因此家长在孩子入园前有意识地培养孩子的生活自理能力是十分必要的。

当然，让孩子接受并喜欢幼儿园，是第一步。欣欣妈妈的“心理暗示法”就非常聪明。对于幼儿来说，让他们觉得有趣、好玩是让他们接受某一样新事物最快的方法。千万不可像有的妈妈那样，当孩子不乖的时候就吓唬他们：“不乖的话就把你送幼儿园去，让老师收拾你。”当孩子们把幼儿园和老师当作洪水猛兽时，你认为他们还能愉快地接受吗？

家长们认为幼儿园是培养孩子规律生活的最好的地方，其实为了让孩子们能更快更好地适应幼儿园生活，提前帮助孩子形成“生物钟”是很好的办法。不妨向孩子将要入园的幼儿园要一张生活学习作息表，并提前按照表上的作息时间来安排孩子的生活与学习，一段时间后，孩子就会形成习惯。而习惯一旦形成，当孩子真正入园时，就不会觉得不适应，这对孩子、对家长、对老师都是一件好事。

4 柔和地平复孩子的入园焦虑

东东上幼儿园了。第一天，东东妈妈送东东去幼儿园时，发现大部分家长和孩子都是红着眼睛、哭哭啼啼地分离，有的更上演撕心裂肺的“人间惨剧”。妈妈担心自己和东东也会受不了，于是将东东交给老师后，趁孩子不注意，偷偷溜走了。

后来妈妈打电话给老师问东东的情况，老师说东东哭了一小会儿就停止了，妈妈听了很放心。可放学的时候接孩子，妈妈发现东东变得有些奇怪，不跟妈妈说话，让他和老师说“再见”，他也死活不说，一个人径直走到妈妈的汽车旁，拉开车门坐了上去，一个字都不说。

到家后，东东还是不说话，无论谁逗他，他都爱答不理的样子，还经常摔东西，一副对一切都不满的样子。可是他对妈妈很紧张，不论妈妈走到哪里，他都紧紧跟着，好像生怕妈妈会突然消失，但就是不愿意跟妈妈说话。

接下来的几天，妈妈每天都要询问东东在幼儿园的表现，老师说其他都好，就是不开口说话。老师让妈妈不要着急，说这是孩子入园焦虑症的一种表现，给孩子一点时间，慢慢就会好的。果然，第四天，老师告诉妈妈，东东终于开口说话了，虽然只有一句话，不停地指着幼儿园里的东西问：“这是什么？”但毕竟也是一种进步。

妈妈很高兴，回到家后，她也尽量用快乐的语气和孩子说话，问一些幼儿园里发生的事。慢慢地，东东说的话越来越多。当第十一天老师打电话告诉妈妈，东东已经能在课上回答问题，并且下课后和小朋友们一起商量玩玩具时，妈妈终于放下了心。

孩子三岁左右就去上幼儿园，第一次离开父母，到一个完全陌生的环境，产生种种不适应和焦躁情绪是可以理解的。每个孩子都或多或少地会有“入园焦虑症”，只是表现不同而已：有的孩子用哭闹来表示抗议；有的孩子用沉默来无声反对；有的孩子变得“叛逆”，在幼儿园故意搞破坏；还有的孩子甚至拒绝吃饭和睡觉……当孩子出现这一系列情况时，家长千万不要太过于紧张，自己也染上“焦虑症”，这样的话问题解决起来就更加困难了。

家长首先要尽量在孩子上幼儿园之前给孩子一些心理暗示，让孩子觉得幼儿园是一个很好玩、很有趣的地方，尽量消除孩子的恐惧和抗拒心理。当孩子入园产生焦虑心理和行为之后，家长要放松心情，不要过于紧张，给孩子多一些时间和鼓励，并及时与老师联系，了解孩子每天在幼儿园的表现，对孩子的每一点进步都及时表扬和赞赏。渐渐地，孩子的自信心就培养起来了，这对让孩子爱上幼儿园是很有帮助的。另外，家长要多和孩子沟通，让孩子知道父母把他送到幼儿园绝不是一种“抛弃”，不能用偷偷消失的方法将孩子强行留在幼儿园。当孩子感觉自己被遗弃时，就会产生强烈的不安，这是他们拒绝幼儿园和老师最大的心理障碍。

总之，孩子刚上幼儿园时出现各种不适应症状是正常的，第一天就能高高兴兴上学的孩子毕竟是少之又少，家长不要过于担心。只要努力做好衔接准备，尽量减少孩子的不适感，就能让孩子更快更好地适应幼儿园的生活与学习。

5 要“断奶”的不仅仅是孩子

嫣然9月份就要上幼儿园了，妈妈从半年前就开始担忧：担心孩子太小，离开了爸爸妈妈的怀抱，没法照顾自己怎么办？担心孩子到一个陌生的环境，不能适应怎么办？担心幼儿园的饭菜不合孩子的胃口，孩子饿了、瘦了怎么办？幼儿园里那么多孩子，老师照顾不过来怎么办……总之，各种各样的问题缠绕在妈妈心头，妈妈都变瘦了。

终于，9月1号到来了。妈妈一早起来就觉得心里慌慌的、酸酸的，一想到要和孩子分开一整天，妈妈眼圈就红了。嫣然敏锐地感觉到了妈妈的情绪，一直紧紧依偎在妈妈怀里，一刻也不肯松手。

到了教室门口，在爸爸的劝说下，妈妈终于愿意把宝贝女儿交给老师了。可是一转身，听见嫣然在身后大声哭喊着：“妈妈！我要妈妈！”妈妈就忍不住想跑回去抱住孩子，幸好爸爸眼疾手快将她拖住，连哄带骗地出了幼儿园。

可在大门口，妈妈突然改变了主意，她坚持要再看女儿一眼。第一天入园，小班的孩子们个个都有不同程度的“焦虑症”，几位老师费了好大的劲儿才把孩子们安抚好，排成两队到校园里散步。妈妈隔着铁栅栏看见嫣然无精打采地走在队伍里，不由冲到校门口，大声喊道：“嫣然，妈妈在这里！”

嫣然抬起头看见妈妈，“哇”的一声大哭起来，挣脱老师的手拼命朝大门口跑来。妈妈隔着铁门，也拼命往里面伸手，一边哭一边喊：“宝贝！宝贝！”那场面，简直“惨烈”得犹如世界末日、天人永隔一般。

老师见了无奈，只得把嫣然抱过来，娘儿俩就在幼儿园大门口抱头痛哭。这一哭不打紧，把其他孩子们的情绪全都感染了，孩子们都跟着“哇哇”大哭起来，有的还躺在地上打滚，哭着闹着要妈妈。老师们刚才好不容易才安抚好的孩子们又恢复了焦虑状态，这下她们的辛苦全泡汤了。

从情感上讲，嫣然妈妈的做法我们都能理解；但是从理智上讲，我们都知道嫣然妈妈的这种做法极不可取。孩子离开父母到一个完全陌生的环境，本身就面临着巨大的挑战，假如最亲近的父母不但不能帮助他们完成这个挑战，反而拖他们后腿，那就不是真正的爱孩子，而是害孩子了。

自从孩子出生，孩子就成为妈妈最亲近、最牵挂的人。因此，孩子入园，不但对孩子是个考验，对家长同样也是个考验。但作为成人，我们不能被自己的情绪牵着鼻子走，假如连自己的情绪都安抚不了，又怎能安抚孩子的情绪，让孩子在幼儿园开心、快乐地生活与学习？要知道，孩子是最容易受父母情绪的影响的，父母的焦虑、失落和不舍很有可能会成为孩子顺利入园的最大障碍。因此，真正爱孩子，就要在孩子上幼儿园之前首先让自己做好心理准备，积极、快乐地送孩子入园。

孩子入园，最难过、最失落的或许要数全职妈妈，因为孩子本来是她们生活的全部重心，突然一下子孩子被送去幼儿园，家里空落落的，全职妈妈们甚至不知道这闲下来的时间该做些什么。既然这样，那就学着转移目标，去学习也好，去工作也好，寻找其他的生活乐趣。要相信，孩子入园，不但对孩子来说是一个新的起点，对自己而言也代表着新生活的开始，就让我们和孩子一起快乐地迎接新的精彩吧！

6 幼儿园也是一个“小社会”

雷雷从幼儿园回来，手里拿着一个吃过的大大卷，妈妈随口问一句：“是爸爸给你买的吗？”

“不是！是我跟彦彦换的。”雷雷大声说。

“哦？”妈妈很感兴趣，孩子竟然知道以物易物了！于是便问：“你拿什么跟他换的呀？”

“遥控汽车。”

“遥控汽车？”妈妈大声惊叫起来。那是爸爸去德国出差的时候给雷雷带回来的礼物，很贵的，竟然只换了一个大大卷，而且是一个吃过的大大卷。

“雷雷上当受骗了。”这是妈妈的第一直觉。

“明天去学校把汽车换回来。”妈妈命令雷雷，可雷雷一扭身子，不干，跑到一边去吃大大卷了。于是妈妈决定亲自出马。

第二天一大早，妈妈就带着雷雷守在幼儿园门口，看见彦彦和妈妈一起走过来，雷雷妈妈就走上前，毫不客气地对彦彦妈妈说：“你儿子昨天用一个吃过的大大卷骗走了我儿子一辆德国遥控汽车，请你们还给我们。”

彦彦妈妈听到这话，脸色都变了，她大声说：“你这说的什么话？什么叫‘骗’？孩子才多大？你怎么能用这样的字眼说我们家孩子？”

“是啊，这么小的孩子就知道占便宜了，长大了还得了？”雷雷妈妈一副得理不饶人的模样。

彦彦妈妈很生气，她觉得和这样的人讲不清楚道理，于是转过头大声问彦彦：“你把他的汽车放哪里了？快还给他！”

“我不！”彦彦紧紧护住书包。“这是雷雷跟我换的。”

“跟你换？”雷雷妈妈一脸鄙夷的神色。“几毛钱的东西换几百块钱，这买卖做得多划算。以后世界首富就是你啦！”

“快点还给人家！”彦彦妈妈一把抢过彦彦的书包，拿出里面的遥控汽车，塞在雷雷的手里。彦彦大哭起来，拼命想把汽车拿回来：“这是我的！是我的！”彦彦妈妈不管不顾，拉着孩子的手就走进了教室。

放学后，彦彦妈妈来接彦彦，一进教室，发现彦彦和雷雷正一起在玩玩具，走上前，二话不说就在彦彦屁股上拍了一巴掌：“叫你不要和他玩，你没长耳朵啊？快点跟我回家！”

“我不嘛！我不嘛！”彦彦一边扭着身子一边说，“雷雷是我最好的朋友，我就要和他玩。”

“你要是以后再和他玩，妈妈就不要你了。”听了妈妈的话，彦彦放声大哭起来，雷雷也哭了，站在一边，又不敢上来拉彦彦的手。两个孩子你看着我哭，我看着你哭，可怜得很。

孩子上了幼儿园，就相当于步入了一个“小社会”。在这个“小社会”中，孩子要逐步学习如何与人交往、相处，如何分享，如何处理与同伴之间的矛盾。这些对孩子长大后的人际交往能力的形成有着至关重要的作用。孩子们有他们自己的相处原则与处事方法，作为家长，我们最好观望，不要贸然插手，轻易干涉孩子们的“事务”。

很显然，彦彦和雷雷是到了交往的敏感期，并且尚处于第一阶段，即物物交换。这是他们寻找朋友、结成友谊的第一步骤。他们所交换的东西无关贵贱，只是沟通和交往的一个工具而已。雷雷妈妈的做法实在有些不妥，对孩子们的事情横加干涉，用成人的眼光来衡量孩子们的世界，最后伤害的不仅仅是别人的孩子，还有自己的孩子。

所以，大人们不要轻易干涉孩子们的“内部矛盾”，让他们学会自己解决，学习的过程就是成长的过程。

7 担心孩子出问题，和老师正确沟通是关键

妍妍刚上幼儿园没多久，有一天回到家，妈妈发现她的胳膊上有一大块乌青，便又着急又心疼地问："怎么回事？是不是有别的小朋友欺负你了？"妍妍讲不清楚，妈妈一个电话打给老师，质问老师是不是有人欺负妍妍。老师说妍妍一整天都没有哭，也没跟老师讲哪里摔了或者碰了，所以她也并不清楚。妈妈很生气地挂了电话，心里暗暗埋怨老师对自己的孩子不关心。

后来跟一个朋友谈及此事，这个朋友"很有经验"地说："你呀，真傻！幼儿园一个班级那么多孩子，就两三个老师，哪里照顾得过来？你要跟老师'意思意思'，老师自然就会对你的孩子多上心、多关注了。"

妍妍妈妈恍然大悟，当天就去超市买了三张购物卡，第二天偷偷地塞给老师，可老师都婉言拒绝了。此后，妍妍妈妈还给老师送香水、化妆品、衣服之类的东西，老师都没收。她们都对妍妍妈妈说，每个孩子都是她们的宝贝，她们都会尽一切努力关心、照顾孩子，实在不必要搞这一套。妍妍妈妈虽然听了，但心里还是七上八下的，生怕孩子在幼儿园里，老师照顾不周。

后来有一次，妍妍在户外活动时，胳膊上被蚊子叮了个大包，回到家后几乎半个胳膊都红肿了。妈妈急了，又打电话给老师，老师解释说由于操场

是开放的，所以不可能杜绝蚊虫，但孩子们在出教室之前，她们都按规定给孩子喷了避蚊药水。妍妍妈妈私下问过别的家长，也有孩子被蚊虫叮咬了，但是没哪个像妍妍这么严重。妈妈心想，肯定是老师对妍妍不够关心，喷药水的时候马马虎虎，所以才让蚊子“有机可乘”。

从那以后，妈妈对妍妍在学校的一切更加上心了，每天都要打好几个电话给老师，不厌其烦地询问妍妍在学校的情况。她打电话的时间很长，有时甚至影响了老师的正常作息。后来以至于老师一看见妍妍妈妈的电话就头疼，妈妈却丝毫不自知。

孩子上幼儿园，家长心中总有许多的放不下和担忧，这是可以理解的。为了让孩子在幼儿园能得到“特殊照顾”，一些家长想到给老师送礼。其实照顾好每个孩子是老师的职责，除了个别的教师，大部分老师对待孩子都是尽心尽力的，家长完全不必担心。

当然，要消除担忧，有比送礼更好的方法，那就是和老师正确地沟通。沟通的方式有很多种，打电话只是其中一种。平日里接送孩子时，可以和老师简短地聊两句，了解孩子一天在幼儿园的情况，如果出现问题就能够及时解决；很多幼儿园都有家园联系本或者BBS家长论坛，家长要尽量抽时间认真记录、及时反馈、积极交流；还有最便捷的电话交流，但是要注意一点，打电话要注意时机，要避开老师上课和休息的时间，并且言简意赅，尽量不要占用老师太多的时间。上班期间也不要给老师发信息，因为按照规定，老师在上班时是不可以看信息和回信息的。

总之，和老师交流沟通的方法有很多种，家长要善于利用多元化的沟通方式，随时和老师保持最真诚、最有效的沟通和交流。

Part 5

习惯养成黄金期：让孩子学会掌控自己的行为

3～6岁的孩子正处于情绪、行为习惯的敏感期，因此，这一阶段也是培养孩子良好习惯的重要时机。敏感期各种良好行为习惯的养成对人的一生影响巨大，这一时期一旦养成良好的生活、学习、自我保护、品行、健康心理等习惯，能让孩子终身受益。

1 孩子不吃饭，多半是惯的

力力6岁了，上幼儿园大班，可是身子又瘦又小，和小班的孩子们站在一起都看不出什么区别。更糟糕的是，力力的身体很不好，经常生病，而且一生病就来势汹汹，打针吃药，很长时间不见好，爸爸妈妈很是发愁。

暑假里，远在东北乡下的姥姥来了，一看力力吓了一跳，埋怨妈妈："你们怎么把孩子带成这样？这不是典型的营养不良吗？"

妈妈无奈地说："我们条件也不是不好，可力力就是不爱吃饭，我们有什么办法？"

姥姥说："这样吧，反正力力也放暑假了，你们把力力交给我带两个月，我保证还给你一个又健康又活泼的力力！"

虽然不放心，但姥姥做了四十几年的小学教师，妈妈知道她带孩子很有经验，便让力力跟着姥姥回了东北乡下。

五十几天转眼就过去了，当妈妈再见到力力时，几乎认不出来了：原来那个又黄又瘦、像一根豆芽菜的力力不见了，眼前的孩子小脸胖乎乎的、双颊红扑扑的，连个子都蹿上来好高一截。妈妈捏着孩子肉鼓鼓的小胳膊，惊喜地问姥姥："您给力力吃了什么灵丹妙药？"

"哪里有什么灵丹妙药，"姥姥笑着说，"只不过是乡下的土菜土饭，只是零食被我全部禁掉了。除了每餐荤素都得吃，每天还必须吃一两样水果，否则姥爷就不带他上山捉知了，也不带他下河摸鱼，舅舅、姨妈家的小伙伴也不跟他玩了，他还不就乖乖地什么都吃了。”

“可我们在家也试过，不好好吃饭就禁止他看动画片什么的，根本就不管用。”

“不是不管用，而是你们心太软，孩子一哭一闹就立马投降了，我说得对不对？”

妈妈不好意思地笑了：“那不是担心孩子饿坏了吗？本来身体就不好……”

“现代社会，哪里还有饿坏的孩子？只有惯坏的孩子。良好的饮食习惯对于孩子身心的健康你们这些大学生肯定比我都懂，不需要我多说。只是要记住，好的习惯养成可不容易，一定要坚持哦！”

妈妈听了，连连点头。

孩子挑食、不爱吃饭、专吃零食，这样的烦恼大多数父母都遇到过，由此而来的一系列问题，相信爸爸妈妈也和力力的父母一样深感烦恼。每位父母都希望自己的孩子不挑食，什么都吃，把身体养得棒棒的，但是这样的好习惯怎样才能养成呢？

首先，一日三餐要定时定量。孩子遇到喜欢的饭菜，家长不能不管不问，让他拼命吃；孩子遇到不喜欢的饭菜，大人也不能由着他一口不吃。孩子营养的均衡是由父母掌控的，随着孩子年龄的增长，家长要不断让孩子尝试新的食物。研究证明，一个新的食物只要坚持送到孩子面前8～10次，孩子一般就会从抗拒到接受。而大多数父母在遭到孩子拒绝后，一般只尝试3～4次便放弃了。

其次，对于偏食的孩子，家长要坚持原则，不能因为孩子哭闹或者拒绝进食就心软，转而找来他们喜欢的食物，甚至是零食，久而久之，就会加重孩子挑食的坏毛病。

最后，最关键是要营造轻松愉快的进食环境。孩子不喜欢吃的食物不能用暴力手段强迫孩子进食，而要用故事、儿歌或者小卡片这些生动形象的方式给孩子讲道理，让孩子愉快地接受。另外，色彩艳丽、造型新颖的饭菜尤其能吸引孩子的注意和兴趣，因此大人在注意饭菜营养和口味的同时，也要注意食物的多样性，尽可能变化口味和样式，让孩子们自觉地爱上吃饭。

2 帮孩子养成良好的作息习惯

凡凡是班级的“迟到大王”，自从上了幼儿园，几乎没有一次准时到达过。每次都是等小朋友做操了，或者做完了早操，甚至上课都上了一半，才姗姗来迟。

老师找凡凡的妈妈谈过好几次，凡凡妈妈无奈地说：“孩子睡觉晚，所以早上起不来，看他睡得那么香，我实在不忍心把他揪起来。”

老师好奇地问：“你们一般几点让孩子睡觉？”

凡凡妈妈有些不好意思地回答：“我们一般是8点半就催他上床了，可是孩子还要磨蹭半天。比如昨天晚上，说好了8点半准时睡觉，但上床后要听故事，爸爸给他讲了个奥特曼的故事，他就兴奋得不肯睡了。披着床单，拿着‘宝剑’，扮作奥特曼，还要我和他爸爸扮作怪兽，否则就不睡觉。玩了半天，已经9点半了，好容易答应睡觉，刚躺下又爬起来，嚷嚷着说肚子饿了，要吃东西。让他喝一瓶酸奶，他又不想喝，非要吃楼下的大娘水饺。没办法，只得下去买，等买上来，吃完了，再刷完牙，就已经10点半都过了。你说这早上哪还能起得来？”

“早睡早起是孩子在幼年时期就应该养成的好习惯，你们这样做可是有些放纵孩子。”老师不客气地批评妈妈，“假如孩子一直晚睡晚起形成了固定的生物钟，到时候想要纠正可是很难的。孩子以后要上小学，难道也这样天天迟到？孩子的学习成绩一定会受到影响，到时候后悔可就来不及了。”

妈妈也觉得事情有些严重，答应老师回去后一定纠正凡凡的坏习惯，坚决让他养成早睡早起的好习惯。虽然妈妈知道习惯的养成需要时日，但她相信只要大人孩子一起努力、一起坚持，就一定能够成功。

幼儿园的孩子上学迟到是司空见惯的事，很多大人并不放在心上，因为他们认为孩子到幼儿园只是玩耍，早一点晚一点没什么要紧，保证孩子充足的睡眠、保障孩子身体健康发育才是最重要的。殊不知，坏习惯一旦养成后就很难改掉，就像上文的老师讲的那样，孩子长期晚睡晚起会形成固定的生物钟，强行在短时间内扭转，对于孩子来说会是非常痛苦的。所以父母在孩子幼年时期，就一定要督促、帮助孩子养成早睡早起的好习惯。

孩子睡觉时要给孩子创造一个安静的好环境。很多家长在睡前喜欢给孩子讲故事，这是一件很好的事情，既可以帮助孩子安静下来，早点进入睡眠，也能增进孩子和父母之间的感情。但是要注意，睡前故事要温馨动听，而不能涉及暴力恐怖，要能够促进孩子快速进入睡眠，而不能让孩子听完后特别兴奋，更加难以入睡。

当然，要想让孩子养成早睡早起的习惯，家长必须以身作则。很难想象一个经常熬夜、父母都是夜猫子的家庭能培养出早睡早起的孩子。因为大人是孩子的榜样，大人不睡觉，家中灯火通明，孩子又怎能安心入睡呢？当然，大人的作息时间不可能和孩子保持完全一致，这就需要给孩子准备一个独立的房间，在适当的时候分房而睡。到了规定时间就关上房门、熄灯，即便大人暂时不睡觉，也要在外间保持安静，久而久之，孩子就能养成按时作息、早睡早起的好习惯！

3 用孩子能接受的方式引导教育

下班回家，妈妈一进门就皱起了眉头：客厅里到处都是玩具，地板上、沙发上、电视机柜上，甚至餐桌上都散落着大大小小的玩具。而冉冉显然已经玩累了，正坐在椅子上津津有味地吃着苹果，眼里还不忘看着电视。

“冉冉，我们先收拾玩具，然后再吃东西，好不好？”

听到妈妈的话，冉冉抬起头看了一眼，说：“不好。”这时，正在厨房做饭的奶奶急匆匆地走过来说：“我来！我来！”妈妈阻止了奶奶，也没有继续责备冉冉，而是把装玩具的两个大筐子拿出来，开始往里面装玩具。

装完了一筐玩具后，妈妈对冉冉说：“妈妈太累了，实在装不动了。剩下的冉冉来装好吗？”冉冉摇摇头，于是妈妈说：“好吧，看来这些玩具冉冉都不想要了，妈妈明天把它们送给其他小朋友好了……”

“不行！”冉冉大叫一声从椅子上跳下来，“那好吧，我来收。”

冉冉捡起玩具就往筐里扔，妈妈又皱起了眉头，但她想了想，把冉冉拉过来，说：“筐就是玩具的家，你看妈妈把玩具的家收拾得整齐不？”

冉冉点点头，妈妈趁机说：“那你和妈妈比一比，看谁把玩具的家收拾得更整齐，好不好？”

“好！”冉冉开心地叫着，把刚刚扔进去的玩具全部拿出来，然后一件件整齐地把它们摆放在筐里。收拾完后，冉冉左右看看，得意地对妈妈说：“妈妈，我的玩具的家比你收拾得好！”

“嗯，冉冉真棒！”妈妈竖起了大拇指。“冉冉把玩具们的家收拾得那么整齐干净，玩具们肯定很感谢冉冉，它们肯定更喜欢你了。下次我们玩好玩具之后还是把它们送回家，好吗？”

“好！”冉冉响亮地回答。

收拾玩具是令很多大人头疼的事情之一。孩子们喜欢玩玩具，但是却不喜欢收拾，通常玩完玩具后就任由它们扔得满地、满屋都是，然后自己却跑到一边去了，于是收拾玩具就成了大人的责任。冉冉妈妈是一位很有智慧的家长，我们看她在教孩子收拾玩具时都用了哪几招：

首先，她巧妙地利用孩子敏感期的特点，这一时期的孩子开始有了自我意识，对自己的东西总是看得很紧，于是便假意提出把玩具送人，遭到冉冉的反对，勉强答应妈妈收拾玩具。

接下来她用了更加聪明的一招——以自身为榜样，给孩子做了一个很好的示范。敏感期的孩子最喜欢模仿，大人稍加暗示，孩子就能学得有模有样。所以冉冉妈妈就利用孩子的模仿敏感期，让冉冉学着如何收拾玩具。

此外，冉冉妈妈将原本对孩子而言比较枯燥、吃力的事情变成了一种游戏。她把玩具筐比作玩具的家，这符合孩子童真的天性；然后再提出让孩子和妈妈比一比，谁收拾得更好，激发了孩子的好胜心，孩子在好胜心的激励下，会忘记枯燥和疲劳，愉快地投入游戏中去。

最后，在冉冉收拾好玩具之后，妈妈毫不吝啬地对孩子大加赞赏，而孩子在受到表扬之后，会强化这种成功和快乐的体验，那么下次再让孩子收拾玩具就不是一件困难的事了。

4 给孩子释放手脚的机会

吃饭时间到了，爸爸把饭菜端上桌后，递给奇奇一把小勺子：“吃吧，儿子。”奇奇开心地接过勺子，吃起饭来。

他先是用勺子挖起一大块米饭塞进嘴里，挖得太多了，嘴包不下，漏到外面，洒落在桌上、地上。然后他用勺子去挖土豆泥，土豆泥软软的，勺子一下子陷进去，奇奇很好奇，于是便把整个碗拖过来，用手指轻轻地在上面按了按。奇奇“咯咯”地笑起来：“爸爸！土豆泥真好吃！”

“再来喝点汤。”爸爸说。

于是，一个新的“游戏”开始了。奇奇用勺子舀了很多汤倒在碗里，然后用勺子拼命搅拌，再用力挤压，很快，米饭就变成了黏糊糊的一碗“粥”。奇奇开心地大叫：“爸爸，我把米饭也变成了‘泥巴’。”奇奇骄傲地展示给爸爸：“看我发明的‘泥巴饭’！”

“嗯，不错不错，我儿子以后可以做个发明家。”爸爸说，“不过，要当发明家的话，饭菜要吃得好，看，爸爸都快吃完了……”

没等爸爸说完，奇奇便大口吃起饭菜来。饭吃完了，桌上、地上也一片狼藉。不过爸爸毫不在意，一边收拾碗筷，一边对奇奇说：“去把自己的脸和手洗洗。”

爸爸洗碗，奇奇跑进卫生间洗手洗脸。洗了很久，爸爸还没见奇奇出来，走进去一看，笑了：原来奇奇正在玩水，他把水池塞上，放上半池水，正用力地用手拍打，洗脸台上、地上溅满了水花，身上也几乎湿透了。

“我看看，脸和手洗干净没？”奇奇凑过来给爸爸看看，爸爸故意说：“嗯，不错，洗得很干净。不过妈妈马上要回来了，这里这么多水怎么办啊？”

“我们不让妈妈知道，妈妈会骂人。”奇奇眼珠子一转，跑到阳台，吭哧吭哧地拖来拖把：“来，爸爸，我们来打扫战场！”

在爸爸的帮助下，奇奇很快打扫完了“战场”。爸爸又发话了：“爸爸洗拖把，奇奇快去把衣服换了。否则还是会被妈妈发现哦！”

奇奇吐吐舌头跑进了房间，过了半天才走出来。爸爸一看，又笑了：“奇奇，你把裤子穿反了，衣服扣子也没对齐，快点重来！”于是奇奇把衣服脱下来重新穿过，虽然还是笨手笨脚，但明显速度比刚刚提高了不少。刚穿好衣服，加班的妈妈回来了。奇奇和爸爸调皮地互相挤挤眼睛，开心地笑了。

孩子长大后，我们常常抱怨孩子懒惰，不但不帮忙做家务，自己的事情都无法很好地完成。如何解决这个问题？这位爸爸的做法就很值得借鉴。

一定要给孩子释放手脚的机会。孩子在经历手的敏感期时，就应放心大胆地让孩子用手去感知世界，去学习做事的技能。不要因为怕孩子做不好，或者怕他们受伤而剥夺他们用手的权利。想想看，有多少家长不让孩子自己吃饭是因为怕孩子搞得一塌糊涂，认为自己要打扫战场，反而比喂饭付出更多的劳动，因此剥夺了孩子用手吃饭的机会。孩子用手的敏感期从婴儿时代就开始了，一直持续到6岁，让孩子吃饭、穿衣，本就是一个锻炼孩子用手能力的过程。

孩子虽小，但却有着惊人的学习能力，要想培养一个勤劳的孩子，就必须从小事做起。如果大人在孩子手的敏感期内能够因势利导，让孩子尽情用手感知学习的快乐，就一定能够让孩子体验到劳动的快乐，从而养成孩子勤劳的好习惯。

5 因势利导，审美敏感期要抓牢

缇缇的妈妈最近突然发现一个很奇怪的现象：5岁的缇缇突然变得爱漂亮了，而且追求完美几乎到了一种痴迷的地步。

首先，缇缇在穿衣服上有了自己的要求，每天必须自己挑选衣服，而且搭配也必须讲究，虽然她的搭配有时让人忍俊不禁，但妈妈不得不叹服，小女孩天生对美敏感，搭配起来的衣物越来越和谐、越来越漂亮。其次，缇缇对自己的要求几乎达到了苛刻的地步，她不允许自己看起来有丝毫她所认为的“不完美”。每次出门前，一定要将裙子理得整整齐齐，鞋子也要擦得干干净净，连小辫子都要扎得一丝不苟，否则就坚决不肯出门。

爸爸很生气，说：“小姑娘太爱美可不是什么好事，长大了心思都不在学习上了。”但妈妈却不这么想。

“哇！缇缇的指甲怎么这么长？里面还有黑黑的脏东西，看起来好恶心啊！”妈妈捏着缇缇的小手，故作夸张地说。缇缇一听，赶紧找来指甲刀，塞进妈妈的手里：“快，妈妈帮缇缇剪指甲。”从此，缇缇养成了保持指甲整洁的好习惯。

“缇缇的房间好乱啊！垃圾桶都满了，缇缇闻闻，是不是有点臭？”妈妈边说边煞有其事地捏着鼻子。缇缇赶紧找来干净的袋子，跟妈妈一起换垃圾袋，然后和妈妈一起收拾房间。收拾完后，妈妈故意大声说：“哇！这才是公主睡的房间嘛！又干净又整洁，还香喷喷的呢！”缇缇满意地看着自己的房间，笑了。

缇缇以前吃饭时，总是毫不在意地将桌子、地上弄得一塌糊涂，妈妈想让她自己吃饭，也不去管她。可随着缇缇年龄的增长，妈妈决定帮她改一改这个坏毛病。

“呀！缇缇的花裙子不漂亮了。”妈妈指着缇缇裙子上的一块油渍和几颗饭粒。缇缇赶紧拿来餐巾纸，可是怎么擦也擦不掉，急得差点哭出来。妈妈赶紧安慰她：“没关系，妈妈等会帮你洗。不过缇缇要是想让裙子一直干干净净、漂漂亮亮的话，以后我们吃饭、做事都要慢一点、仔细一点。吃完饭、玩完了都要立即洗手，不能往身上擦，否则的话花裙子脏了，有些污渍可是洗不掉的哦。”缇缇连连点头，从此常洗手就不需要大人提醒了，慢慢习惯成了自然。

爸爸看着缇缇的一系列变化，信服地朝妈妈竖起了大拇指：“还是你行！”

孩子的教育要因势利导，聪明的缇缇妈做到了这一点。很显然，5岁的缇缇进入了爱美的敏感期，并且追求完美。孩子对于美的敏感期是呈螺旋式发展的，从日常吃、穿、用等生活琐事，到对自身形象、气质完美的追求，随着年龄的变化，他们的审美观念也在不断进步。尤其是小女孩，这一阶段的发展特点尤为突出。有的父母对此颇为紧张，因为受传统观念的影响，大人总怕孩子过于爱美会影响其他发面的发展，尤其是今后的学习。其实大可放心，在这一阶段，大人除了要多一些等待和陪伴，让孩子顺利度过审美敏感期，也可以像缇缇妈妈一样，因势利导，潜移默化地培养孩子爱干净、讲卫生的好习惯。

审美的敏感期表现在孩子日常生活的各个方面，上文提到过的对秩序的敏感期其实也是其中的一种表现。父母可以利用这一时期的特性，培养孩子整洁、自律的好习惯。不要担心孩子在追求完美的过程中所表现出来的执拗，等孩子度过这一敏感期之后，生活逐渐变得有秩序，这种执拗也会随之消失。

6 勤俭节约是美德

越越是个聪明活泼的孩子，可就是有一点：喜欢浪费，对“珍惜”“节约”这样的词语几乎毫无概念。妈妈觉得这样下去可不行，如果孩子从小就养成大手大脚、毫不珍惜的坏习惯，长大后即便是有金山银山也有花完的一天。于是她想寻找机会，帮助越越改掉浪费的坏习惯。

这天，越越在外面玩得满头大汗，一回来就冲进洗手间想洗脸，可一拧开水龙头，竟然一滴水都没流出来，原来是停水了。妈妈心想：机会来了。于是她故作焦急地说：“水怎么没有了呢？到哪里去了？”

“水到哪里去了？”越越跟着重复了一句，急躁地反复拧着水龙头。妈妈假装突然想起来似的一拍脑袋：“哎呀！水肯定是被我们用光了。”

“用光了？”越越不解地看着妈妈。妈妈蹲下来，耐心地跟越越解释：“你看，我们的地球只有那么大，上面的东西都是有限的，分到每个人头上也是有限的。如果我们不珍惜它们，胡乱浪费，用完了就没得用了。”

越越恍然大悟：“那是不是因为以前我浪费了太多的水，所以现在才没有水了？那以后我们都没水用了吗？”

看到孩子有些焦躁，妈妈赶紧说：“不是以后都不给我们水用了，而是因为以前我们家用水浪费，别人家没得用了，所以先暂停一下……”

“我知道，如果我们改正错误，他们就又会给我们水用了！”没等妈妈说完，越越就叫起来。

妈妈赞赏地回答：“对！不仅仅是水，任何东西都是这样。比如玩具，我们旧的玩具还有，就不要去买新的；就算越越大了，有的玩具不需要了，还可以送给需要它们的小朋友，小朋友们就不用再花钱去买了，这样钱就可以节约下来了，可以买其他好吃的、好玩的，对不对？”

“对！”越越大声回答。

过了一会儿，水来了，妈妈打开水龙头叫越越来洗脸，越越开心得大叫：“妈妈，他们肯定听到我说的话了！我保证下次再也不浪费水了！”

勤俭节约是中华民族的传统美德。然而现代社会，随着人们物质生活水平的提高，家长对这一传统美德的教育也越来越不重视。甚至有的家长认为，现在不愁吃不愁穿，更没必要对孩子扣扣索索。于是很多孩子就养成了大手大脚、不懂节约的坏习惯。

其实，节约不仅仅是一种美德，也是一种让孩子终身受益的好习惯。但是在对孩子进行勤俭节约教育的时候，由于孩子受限于现代社会的物质环境，很难有亲身的体验和感受，大人的教育往往会变成空洞的说教，无法引起孩子的共鸣。因此我们家长就需要恰当地运用生活，创设教育情境。就像上文中的越越妈妈一样，帮助孩子体验和感受，从而调动他们内在的需要，这样孩子自然而然就接受了教育。

当然，教育从来不是一蹴而就的事情，孩子即便有了节约的体验和感受，也从内心产生了节约的需要，但还不知道如何去节约。这时我们大人就需要教他们该如何做，如何将节约渗透到生活的方方面面。这是一个比较漫长的过程，但只要有耐心，孩子的节约意识总有一天会上升为自觉的意识，良好的习惯也就养成了。

7 理财要从娃娃抓起

畅畅是亲朋好友眼中的“小财迷”，不过妈妈对此引以为傲，这可是她多年精心教育的成果啊！

畅畅从两岁起就隐约对钱有了概念。那时候，他特别喜欢坐超市门口的摇摇车，每次和爸爸妈妈从超市购物出来，都要问妈妈要一块钱，自己塞进投币口。有一次，妈妈故意给了他一个一角的硬币，畅畅看了一眼，果断地还给妈妈：“我要大钱，不要小钱！”妈妈忍不住笑起来，孩子的语言多幽默形象，知道用大钱和小钱来区分一元与一角的硬币了。于是妈妈又拿了一张一元的纸币给畅畅，畅畅摇着头说：“这个纸我不要。”妈妈说：“这也是钱，和一元硬币是一样的，我们来和超市阿姨换一下，好不好？”阿姨换给了畅畅一个硬币，畅畅高兴地拿着钱去坐摇摇车了。从此他开始认识到钱不但有硬币和纸币之分，还有面额大小之分。

等畅畅再大一些，妈妈便有意识地带着他去买东西。在菜市场和商贩讨价还价，在超市看商标比较价格，这些都毫不避着畅畅，反而常常和他商量，有意识地引导他注意商品的性价比。渐渐地，畅畅开始对数字敏感起来，知道怎样用较少的钱买到更好的商品。有时竟然还帮着妈妈讨价还价，逗得大伙儿哈哈大笑。

畅畅自己有一个储蓄罐，平常的零钱就放在储蓄罐里。妈妈还给他办了一张个人的储蓄卡，过年、过生日时收的大红包就存在储蓄卡里。有了属于自己的钱，畅畅更加“小气”了，因为平常的零花钱都是他通过自己的劳动“赚”来的，比如帮妈妈扔垃圾、帮爸爸浇花等。他常常抱着储蓄罐摇啊摇，盘算自己又攒了多少钱，够不够买楼下商店里的小玩具了。妈妈惊喜地发现，畅畅不但对“买东西”有了清晰的规划，数学方面的天赋也逐渐显现出来，简单的加减法都能做了，而这些是在幼儿园都没有教过的。

至于储蓄卡，每过一段时间，妈妈都会给畅畅看上面的数字变化，告诉畅畅除了自己不断存钱进去，还有银行利息，那是银行拿他的钱去理财而给他的报酬。畅畅看着不断变化的数字，开心极了。

最令妈妈开心的是，畅畅虽然是个小“财迷”，但实际上一点都不吝啬。比如，上次给贫困山区孩子助学捐款，畅畅用自己的钱捐了200元，单据上写的就是畅畅的名字，畅畅一直视若珍宝收藏着。畅畅说，今后每年他都要用节省下来的钱给山区的孩子捐款，这就是6岁畅畅慈善之路的开始吧。

“如果不想因为错误的理财决定而遗憾终身，就必须从小接受理财教育。”这是美联储主席格林斯潘给现代父母的建议。不要认为理财不是学龄前孩子的任务，欧美国家将理财教育称为“从3岁开始实现的幸福人生计划”。他们认为让孩子尽早接触钱币、认识钱币、了解钱币的功能并且逐步有计划地使用钱币，有助于培养孩子的理财能力，而优秀的理财能力是经济生活中的一项基本技能。

因此，在孩子数字敏感期到来时，教给孩子钱币的基本概念，并在日常生活中有意识地培养孩子的理财观念、理财技能，会对孩子今后的生活产生积极的影响。俗话说：“授人以鱼不如授人以渔。”留给孩子再多的财富不如培养他管理财富的能力，而这一切要趁早做起，从孩子幼年期就开始培养。

Part 6

品格塑造关键期：和善而坚定地引导孩子成长

所谓性格就是表现在人的态度和行为习惯中的相对稳定的心理特征。虽然俗话说：一人一面，百人百性，世界上没有一模一样的两片叶子，也没有完全相同的两个人。但是好的性格都有一定的共性，如勇敢、自信、坚强、乐观等等。事实证明，拥有良好性格的人在生活和事业上都更容易获得成功。

1 小小帆船不怕风浪

星期五下午放学时，玲玲显得很兴奋，一直在路上和妈妈说，一周来，她表现有多好，得到的小红花最多，而这正是评选下周升旗手的最主要的标准。

“下周的升旗手一定是我！”玲玲骄傲地说。

妈妈也很高兴，在期待和盼望中过了两天。周一一大早，玲玲穿上自己最喜欢的衣服，高高兴兴上幼儿园去了。可是下午妈妈去接的时候，玲玲的情绪却十分低落，一路低着头，一句话也不说。

回到家，玲玲把鞋子一踢，大声说：“我明天不去上幼儿园了！”

“为什么呢？”妈妈吃惊地问。

“反正就是不上！”玲玲固执地说，妈妈看见眼泪已经聚在了她的眼睛里。本来妈妈不想提这个话题，但她想了想，还是问道：“是不是因为没当上升旗手？”

“本来是我得的小红花最多，可大家还是不选我。”玲玲气呼呼地说。

“那你有没有想想为什么小朋友们不选你呢？”

玲玲的声音低了下来：“因为我不喜欢吃鱼，上个星期吃了三次鱼，我都没有吃。老师也批评我了。”

“是呀，所以选升旗手不单单是看一方面的，”妈妈温和地对玲玲说。“既然大家提出了我们的缺点，那我们改正就可以了，为什么不去上幼儿园了呢？”

“可是我怕大家笑我，”玲玲低声说。“我和最好的朋友都说过了，我一定能评上升旗手的。”

“升旗手一周评选一次，对不对？”妈妈依旧耐心地开导玲玲，“那我们还有很多次机会呀！这一周我们好好表现，大家说你不吃鱼不好，那我们就坚持把鱼吃掉，改正了错误之后，大家一定会选你的。”

看到玲玲还有些犹豫，妈妈又说：“你和好朋友说会被选上当升旗手，但你现在没被选上，如果不去上学了，那以后就没机会了啊，那好朋友不就会说你吹牛吗？我们好好表现，下一周一定当上升旗手，好不好？”

“好！”玲玲终于答应了。接下来的一周，玲玲不但表现得更好，连不爱吃的鱼也认认真真每餐吃完。果然，在周一的晨会上，玲玲被选为这一周的升旗手。

这世上没有任何事情是一帆风顺的，每个人都或多或少地经历了挫折与失败，孩子的成长也是如此。所以，坦然地面对失败并努力战胜挫折的能力是我们要给予孩子最宝贵的财富。

现在的孩子都是父母的宝贝疙瘩，可以说是“捧在手心怕摔了，含在嘴里怕化了”，恨不得什么都替孩子安排好，更别说让孩子吃苦了。在温室里长大的花朵往往经不起一点风雨，娇生惯养的孩子也是如此，尤其是心理上的挫折和失败常常能让他们一蹶不振。因此，父母要尽早培养孩子的抗挫能力，这样孩子在面对突如其来的挫折和失败时，就不会手足无措，从而衍生出愤怒、焦躁及失落等不健康的情绪。

抗挫能力的培养要从小做起，从小事做起。要告诉孩子“胜败乃兵家常事”，一次失败并不能代表什么，只要坚持，就一定能够成功。要让孩子对输赢有平常心，不要过分关注结果，当然也不能抱以无所谓的态度。而是要帮助孩子分析原因、总结教训，并指导孩子一次次改进，取得下一次的成功。这对树立孩子的自信心也是很有帮助的。

2 转移孩子注意力，找到孩子的闪光点

娜娜一出生脸上就带有一块大拇指般大小的青色胎记，之前娜娜并不在意，可是自从上了幼儿园后，娜娜变得闷闷不乐起来，原来一些小朋友不懂事，常常嘲笑娜娜脸上的胎记。

“他们说我脏，不肯和我玩。”娜娜向妈妈哭诉。

妈妈生气地去找老师交涉，老师也批评了那些调皮的孩子，但事情好像并没有什么好的转变。娜娜变得越来越沉默，越来越胆小，也不喜欢和小朋友们玩了，就算妈妈给她买了新衣服也不像以前那样欢呼雀跃了。

妈妈看在眼里，急在心里。她找了一些专家咨询后，决定从转移娜娜的注意力开始做起。

妈妈注意到娜娜的语言能力比一般孩子强，这或许和她是语文老师、从小注意培养孩子的表达能力有关。于是妈妈找来很多讲故事的音频资料，鼓励孩子照着学习。娜娜对此很感兴趣，天天抱着故事机听故事。一开始，娜娜只是听，不肯自己开口讲。妈妈就慢慢鼓励她、引导她，渐渐地，娜娜愿意开口了，但仅限于讲给妈妈和爸爸听。每次讲完故事，妈妈都对娜娜大加赞赏，有时也指出她一两个小瑕疵，娜娜很乐意接受。在不断改进的过程中，娜娜讲故事的水平越来越好，无论在语音、语调还是语速上，都像足了

一个小主持人。

妈妈开始创造机会让娜娜在更多的人面前表现自己。先是娜娜最熟悉的亲朋好友，大家都很惊异于孩子的模仿力，纷纷为娜娜竖起大拇指。娜娜的自信慢慢被培养起来，开始逐渐喜欢在人多时表演，不仅语言表达越来越流畅，舞台表现力也越来越好了。

幼儿园举行“小能人大赛”，妈妈果断给娜娜报了名。经过前一时期的锻炼，娜娜再也不是那个胆小、怯懦的孩子了。她在舞台上的表现非常出色，讲故事声情并茂，把在场的小朋友和评委老师全都吸引住了。比赛结束后，娜娜毫无争议地拿到了第一名。

娜娜站在舞台的中央，光彩四射，自信满满，小朋友们拼命鼓掌，而台下的妈妈早已泪湿眼眶，脸上却带着满满的笑意。

孩子对于自己身体和相貌的注意从3岁就开始了，与其他孩子相比，特别漂亮或者特别难看的孩子，更容易受到周围人的关注和评论，因此就容易对孩子造成自负或自卑的负面影响。而这一阶段，作为监护人的父母就要注意消除这一负面影响，努力培养孩子的自信和平常心。

消除孩子的自卑和胆怯，最好的办法就是转移孩子的注意力，努力发掘孩子其他方面的才能，不让他一直纠结于自己的不足之处。每个孩子总会在某个方面有着特殊的天赋，父母要善于挖掘并鼓励发展。当孩子在某一方面取得令人惊喜的成就后，他就会逐渐忘记自己的不足，大家的注意力也会转移到孩子令人瞩目的一面，从而逐步培养孩子的自信心。

孩子自信心的培养与自己是否受到大家的欢迎有很大的关系。因此，当孩子具有某一方面的才能后，家长还要多鼓励他们，并且创造机会让他们在众人面前表现自己。3～6岁的孩子正处于社会关系敏感期，他们注重别人对他们的评价，而正面的评价能给予他们更多的信心和勇气。

3 让他做阳光下的向日葵

“明天带牛牛回老家，要坐30几个小时的火车，你说孩子会不会烦？”临睡前，妈妈有些担心地问爸爸。

“应该不会，”爸爸笑着说，“你看咱们牛牛啥时候烦恼过？”

的确，牛牛是个开朗乐观的孩子，整天乐呵呵的，从小就不爱哭。但是长途旅行的枯燥、无聊、烦闷，经常出差的妈妈是深有体会的，因此她还是有些担忧，不知该如何与牛牛度过这漫长的时光。

第二天，妈妈带着牛牛忐忑不安地上了火车。牛牛第一次坐火车，兴奋极了。他不停地在座位上转来转去，扭着头四处看，不停地问妈妈：“这是什么？”“那是什么？”妈妈耐心地一一解释。

火车发动了，“哐当哐当”的声音令牛牛大为惊奇，他对妈妈说：“是火车在唱歌吗？”妈妈笑着回答：“对，火车唱着歌，带我们去看外公外婆！”

“妈妈，妈妈，你看那一排排又细又高的柱子是什么？”

“那是电线杆，上面拉着细细的电线，我们家里用的电就是通过电线输送到家里来的。”

“电为什么要通过电线输送呢？为什么不通过汽车或者火车输送呢？”妈妈被牛牛的问题难住了，她老老实实地回答：“这个妈妈也回答不上来，要不等牛牛长大了，自己去学习好不好？”

“好！”牛牛并没有不满意，他的注意力很快被别的事物吸引过去了。

时间就这样在牛牛的问东问西中慢慢流逝，等到牛牛对周围事物都熟悉之后，他感到有些累了，于是躺在妈妈的怀里睡了一会儿。醒来后，立刻又是精神抖擞，开始自己找“乐子”：先是津津有味地翻看已经看过一千遍的图画书；接着，他开始吃零食，因为要打发时间，所以妈妈带了一些平时不允许他吃的“垃圾食品”，而这些对于他来说简直是人间美味，看着牛牛不停咂巴着小嘴、一脸陶醉的模样，连妈妈也忍不住笑了。

就这样，30个小时转眼就过去了，等到下车时，牛牛还恋恋不舍地拉着妈妈的手，不停地问：“我们下次什么时候再来坐火车啊？”

记得有这样一个故事：一个孩子坐在堆满了玩具的房间中哭泣，原因是他担心那么多玩具，要是被弄坏了该怎么办；而另一个孩子则坐在堆满了马粪的房间中玩得兴高采烈，因为他想这么多的马粪，里面肯定藏了一匹小马驹。有人因此得出一个结论：人是乐观还是悲观，是由天性决定的。然而，心理学家并不认同这种看法，他们认为，乐观是一种能力，可以通过环境影响和后天培养来获得。

牛牛之所以在长达30个小时的漫长旅途中能一直保持开心的状态，与长期以来家庭环境的和谐宽容有着密切的关系，这从妈妈一路上对他不厌其烦的回答与解释中就能看得出来。通常在这样家庭中成长的孩子拥有自由自在的心灵、无拘无束的天性，自然也能拥有乐观豁达的性格。

3～6岁的孩子对于外界事物有着天然的好奇，他们有着与成人不同的视野，也能从常人司空见惯的细微之处获得乐趣，而父母则应努力保持孩子的这一特性，不断为孩子提供“快乐源泉”。如果孩子能够将从细微之处寻找快乐、获得快乐的能力一直保持下去，那么长大后他一定会成为一个乐观、开朗、自信的人。

4 将善良的种子埋在孩子心中

5岁的阳阳最近突然迷上了小动物。

小姨要搬到另外一个城市去生活，临走前把自己的小仓鼠送给了阳阳。阳阳一下子就爱上了这个毛茸茸的小家伙，整天趴在地板上，看小仓鼠在笼子里活动、玩耍、吃东西。有时，他还会把小仓鼠轻轻地揪出来，小心翼翼地放在手心，不时地发出惊喜的叫声：

“妈妈！小仓鼠的毛好滑！像你的头发！”

“妈妈！小仓鼠的眼睛好黑好亮！像黑宝石！”

“妈妈！小仓鼠会用爪子洗脸！”

……

阳阳对小仓鼠百看不厌，小仓鼠也给阳阳带来了无穷的乐趣。因为有了小仓鼠，阳阳成了小朋友们争相“讨好巴结”的对象。因为阳阳无论走到哪里，都要带着小仓鼠，而小朋友们团团围住阳阳，只是为了得到摸一摸小仓鼠的机会。阳阳高傲得像一个将军，而小仓鼠则是他最得意的“部下”。

有一天，小仓鼠生病了，趴在笼子里不吃不喝，小身体还不停地发抖。阳阳急坏了，眼泪汪汪地让妈妈带它去看医生。妈妈带阳阳和小仓鼠去了宠物医院，医生说这是感冒的症状，只要把小仓鼠的窝垫得暖和些，再吃些药就会好了。

回到家，阳阳立刻找来了自己的小羽绒服，要妈妈给小仓鼠盖。妈妈劝了半天，阳阳才终于同意用爸爸的旧棉袄上的一只袖子代替。妈妈给小仓鼠冲药，阳阳非要亲自动手，并且亲眼看着小仓鼠喝光了盘子里的水才肯去睡觉。刚躺到床上，阳阳突然坐起来，说：“妈妈，医生说用灯光给小仓鼠加温，它会好得快一些。用我的小台灯吧！”妈妈笑了：“能加温的是暖光灯，你的小台灯不合适。而且我们已经给它喂了温水，还给它加了被子，让它好好休息一夜，说不定明天就好了。”阳阳这才半信半疑地躺下睡觉。

一大早，阳阳起来的第一件事就是冲到客厅里查看小仓鼠，看见小仓鼠又在笼子里活蹦乱跳了，阳阳高兴得又跳又叫。

打那以后，阳阳陆续养了很多小动物，小白兔、小金鱼，还有一只小乌龟。有一次他发现小乌龟一动不动，还以为它死了，伤心得大哭一场。没料到小乌龟竟然又“活”过来了，原来它只是冬眠而已，阳阳兴奋地对爸爸妈妈说：“我简直太幸福了！”

孩子的幸福原来竟如此简单，小动物们享受着孩子带来的温暖与呵护，而孩子在小动物身上得到的却远远不止快乐这么简单。

每个家长都希望孩子成为一个善良、有爱心的人，而孩子对于情感和情绪的敏感期从两岁时就开始了，这正是培养孩子同情心和善良品质的最佳时期。人类天生具有同情弱小的本能，孩子也不例外，让孩子照顾小动物，就是为了激发他们的这种优良天性。德国人为了培养孩子的善良品质，专门开设一门“善良教育”的课程，其中很重要的一部分内容就是让孩子学习照顾小动物。还有的家长鼓励他们将自己的零花钱捐给慈善机构，用以挽救濒临灭绝的动物，或者到动物园领养动物。

照顾小动物不仅可以给孩子们带来心理上的满足和成就感，还可以培养他们的爱心、耐心和责任心。很多家长发现，当孩子养了小动物之后，不睡懒觉了，每天都早早地起来去看他们的“好朋友”；也不会忘记给小动物添水、加食，每天忙得不亦乐乎；小动物生病了，孩子比什么都着急，小心翼翼地照顾小动物，给它们喂药、喂食，非常细致耐心。怪不得大人都感叹：自从养了小动物，孩子好像突然长大了许多！

5 放开手，让孩子自己走

圆圆出生的第一天，妈妈就对爸爸说："以后孩子的事情要让她自己做主。"爸爸一听就笑了："孩子那么小，懂什么呀？还不是听大人的！"妈妈反问："难道一辈子都听大人的？孩子总会长大，总要学会自己做主，晚学不如早学。"

妈妈这么说，也坚持这么做。

圆圆一岁多时，妈妈发现她对音乐特别敏感，于是常常放碟片给孩子听。她并没有盲从所谓专家推荐的曲目，而是注意观察圆圆的反应。她发现当圆圆喜欢哪支曲子时，脸上会出现很享受、很专注的神情，而如果哪支曲子她不喜欢的话，就会来回摇头，小手也乱摆。妈妈知道，这其实是圆圆在表达自己的意见。她很欣喜于这一发现，从那天起，有关圆圆的事情，比如是不是想睡觉啦、要不要下楼玩一会儿等等，妈妈都会征求圆圆的意见，从不强迫孩子做违背她意愿的事。

妈妈喜欢带圆圆去逛商场，圆圆的衣服从来都是她自己挑选，而妈妈只在一边提参考意见。虽然孩子有时挑的衣服并不合意，但是随着年龄的增长和经验的丰富，圆圆的出错率越来越低了，而孩子也越来越有主见了。后来，家里买其他东西，妈妈也试着征求圆圆的意见，她常说的一句话是："这个家是爸爸、妈妈和圆圆三个人的。”而孩子独特的视角和思维方式常常给她带来惊喜。

除此之外，从圆圆会说话、会表达自己的意见之后，妈妈就经常和她交流意见，鼓励她说出自己的想法。当然小朋友的想法有时候很可笑，但妈妈从来不嘲笑她，更不责骂她。长此以往，圆圆不但思维能力越来越强，考虑事情越来越周到，语言表达能力也越来越强了，连老师都表扬她有着与同龄人不相称的“成熟”。

孩子喜欢“黏着”大人，这或许是令很多大人头疼的问题。可是通常来说，问题并不在孩子身上，而在大人身上。解决问题的钥匙也不在孩子身上，而在大人身上。不是孩子不想自立，而是大人舍不得放手，只有大人懂得了放手，孩子才能有机会学习自立。

在中国现代家庭中，娇惯孩子是一种通病。而在其他国家，家长则更重视对孩子独立自主能力的培养。“不给别人添麻烦”是日本一句很有名的话，对父母也应当如此，所以日本父母从小就十分注意培养孩子的自理能力和独立精神。美国的父母从小教育孩子尽早掌握脱离父母、独立生活的本领，从完成自己的事、帮助父母做家务等做起。在发达国家，父母通常充当指导者的角色，他们对孩子更多的是指点和引导，鼓励孩子自己去思考、去实践。而在中国，很多父母则充当保姆的角色，事无巨细全包全揽，从而养成了孩子懒惰、依赖、不敢尝试的性格。

所以，如果你的孩子胆小、怯懦、没有主见、自立能力差，不要责怪孩子，而是要反思自己。要学会放手，要鼓励并帮助孩子勇敢地承担起对自己甚至对家庭的一部分责任，把原本属于孩子自己的事交给孩子自己完成，让孩子自豪地说：“我的地盘我做主！”

6 你的孩子也是个“小好人”吗

“天天，你的玩具能给我玩一会儿吗？”

“好啊。”天天毫不吝啬把手里的玩具递给那个小朋友，小朋友开心地接过玩具，“咯咯”笑着跑远了。这时，天天手中已经一个玩具都没有了，但她好像一点也不难过，也没有无聊的表情。她待了一会儿，就站起来四处转，看小朋友们玩。小朋友们笑，她也跟着笑，一副很开心的样子。

“你说，我们女儿这样‘与世无争’，以后会不会吃亏？”一直观察着天天的妈妈担忧地问爸爸。

“怎么会？”爸爸不以为意地说，“我们不是都不喜欢单位里那些斤斤计较、心胸狭隘的人吗？天天随性不计较，我觉得是件好事。”

“不行，我得去帮天天把玩具要回来。”妈妈站起身，被爸爸一把拉住：“孩子的世界有他们自己的规矩，大人不要过多干预，你看！”爸爸努努嘴，妈妈看到一个小男孩拿着自己的玩具车走过来，邀请天天一起玩，天天愉快地接受了邀请，开心地和小男孩玩起来。后来，越来越多的小朋友走过来，加入了一起玩的队伍。看得出，天天很受欢迎。

突然，一个孩子不知为什么，用力推了天天一下，天天被他推得一趔趄，往后退了好几步，幸好扶住了栏杆，才没有跌倒。妈妈这下忍不住了，跑过去拉着天天左看右看："告诉妈妈，有没有哪里伤到了？有没有哪里疼？"

"没有，"天天毫不在意地推开妈妈，"没事的，我没有摔倒，也不疼。弟弟比我小，妈妈你不要骂他。"这时，小男孩的妈妈也跑过来了，连声道歉，弄得天天妈妈反而不好意思了。孩子没有隔夜仇，一会儿两人又手拉手跑开去玩了。

"你们家孩子的性格真好。"小男孩的妈妈感慨地说，"这小区里那么多孩子，属你们家孩子最有人缘，不仅大人喜欢，小朋友们都喜欢她，爱和她一起玩。从来看不到她跟其他孩子争吵、抢玩具什么的。"

"大家都说她性格好，我却有些担心呢，"天天妈妈说，"这孩子就像温开水，一点儿脾气都没有，怕是以后要受人欺负的。"

小男孩的妈妈"哈哈"笑了起来："温开水可是最受人欢迎的啊，无论哪里都少不了，大家喜欢都来不及，哪里还会欺负她。"

天天妈妈愣了愣，又想了想，也舒心地笑了。

俗话说："关心则乱。"天天有那么好的性格，在妈妈眼里却变成了人人可欺负的对象，好在那个小男孩妈妈一语中的：温开水是最受人们欢迎的饮品，因为它百搭。它虽然没有咖啡的香浓，没有饮料的甜美，也没有美酒的芬芳，但是人们一生中最离不开的就是温开水。生活中也是如此，温和、豁达的人无论在哪里都是最受欢迎的，因为他们能让人心情愉悦、如沐春风，无须提防、无须计较。

温开水般的孩子其实就是性格温和、豁达开朗的孩子，他们不与人争短长，也不与人斤斤计较，因此不光讨大人欢喜，更受小朋友的欢迎。然而，竞争激烈的现代社会容易给大人造成一种错觉：好像这样的孩子不适合竞争，容易被社会淘汰。其实这种担心完全没有必要，因为性格温和并不一定代表没有主见，更不代表没有进取心，温和豁达只是孩子在与人交往中表现出来的一种性格，而事实证明，这种性格更容易受到大家的欢迎而已。

Part 7

规矩意识树立期：从日常惯例开始，让孩子懂规矩

俗话说：“没有规矩，不成方圆。”敏感期是孩子发展的关键时期，也是影响孩子今后人生的重要时期。在这个时期内规范孩子的行为，与孩子约定适应孩子的能力和发展阶段的规则，才能树立孩子的规则意识，让孩子长大后成为自然树直、安分守己的人。

1 态度温和，行动坚决

随着辰辰一天天长大，妈妈发现孩子开始变得有点让人头疼：叫他吃饭，只顾着玩玩具，怎么都不肯来；昨天把吃饭的勺子扔进了马桶；今天在幼儿园咬了小朋友……是给孩子定点规矩的时候了。

吃晚饭的时间又到了，辰辰还在看动画片。妈妈走过去，对辰辰说："等这一集节目看完，我们就吃饭，好不好？"辰辰点点头，妈妈坐下来陪辰辰一起看。可是一集节目结束了，辰辰又说话不算话了，坚决还要看下去。于是妈妈站起身，拿起遥控器，关掉了电视。辰辰开始大哭，还要和妈妈抢遥控器。妈妈把遥控器高高地举起来，坚决不肯妥协。等辰辰哭累了，妈妈蹲下来，温和地说："妈妈饿了，要去吃饭了，辰辰饿不饿？要是不来吃的话，好吃的都被爸爸妈妈吃光了哦！"辰辰哭得也有些累了，抽抽搭搭地跟着妈妈去吃饭了。

妈妈带辰辰去超市买东西，辰辰看中了一个机器人，坚决要买。妈妈对辰辰说："这个机器人和上周爸爸给你买的差不多，我们再买的话就是浪费。而且机器人很贵，妈妈没带那么多钱，如果给你买了机器人，我们就没有钱买吃的了。"辰辰听不进去，拿出自己的"杀手锏"：赖在地上大哭。陆陆续续走过的顾客有的笑，有的指指点点，妈妈很难堪，几乎就要投降了，但是她想了想，还是咬着牙坚持下来。她站在辰辰身边，没有走开，也不说话。辰辰哭了一会儿，抬起头，发现妈妈并没有妥协的意思，于是便有些气馁。妈妈看着时机差不多了，蹲下来对辰辰说："我们回家玩机器人，现在跟妈妈去买好吃的，否则超市关门了，我们明天可就要饿肚子了。"辰辰没有回答，妈妈抱起他朝前走，他稍稍挣扎了一下，就不再反抗了。

类似的情况发生了几次之后，妈妈发现辰辰的倔强好了很多。或许他知道自己的无理取闹并不能换来妈妈的妥协，自己也不可能以这种手段达到目的，所以明显听话了很多。

对于孩子的无理取闹、无理要求，大人最好的办法就是冷处理。给孩子哭泣的自由和时间，在一旁耐心地陪伴，但是绝不妥协。时间长了，孩子自然明白哪些是爸爸妈妈的底线，哪些事情是绝对不允许的，他们慢慢记在心中，慢慢养成习惯，规矩自然也就形成了。

当然，在立规矩的时候，除了行动坚决、决不妥协，大人还要注意自己的态度，不能用暴力来阻止孩子。无论孩子的行为多么令你抓狂，一定要控制自己的脾气。尤其对于年龄小的孩子来说，他们并不是很清楚什么是对的、什么是错的，大人只是在教他们哪些该做、哪些不该做，有时候讲道理不如直接告诉他们来得更有效果。但是假如你以发脾气的方式来教育他们的话，他们往往会被你的坏脾气吓住，注意点完全不在你说的话上。次数多了，孩子要么变得胆小怯懦，要么变得越来越不听话，你的坏脾气已经不能再镇住他们了。更糟糕的是，孩子或许已经学会了你的暴脾气，他们在处理问题的时候也会大吼大叫。这与我们当初立规矩的出发点是完全相悖的。

所以，对孩子树规矩，温和的态度与坚决的行动缺一不可。

2 “冷处理”不是“冷暴力”

4岁半的婷婷特别爱哭，哭起来没完没了，哭得大人心烦意乱。一遇到不如意的事，或者想要达到某种目的，婷婷就会使用这一“绝招”，一直哭到大人妥协为止。妈妈觉得这样下去可不行，正好前段时间看了一篇文章，教大人在孩子哭闹时采用“冷处理”的方式，妈妈觉得很有道理，决定试一试。

这不，婷婷又不知因为一件什么小事没有达到她的目的，开始哭闹起来。妈妈站起身，直接走开。婷婷哭了一会儿，发现妈妈并没有像以前那样来哄她，哭得更厉害了。妈妈看婷婷哭得声嘶力竭的样子，实在有些于心不忍，想走过去抱住婷婷，但是想起文章中的话，又忍住了。婷婷又哭了一会儿，声音渐渐低了下去，妈妈心中窃喜：“看来这招真管用，坚持就是胜利！”

婷婷开始四处转头寻找妈妈，看见妈妈在厨房里，就走过来找妈妈，张开手臂要妈妈抱。妈妈故作狠心地推开她：“妈妈不抱不听话的孩子。”

“妈妈抱！婷婷就要妈妈抱！”婷婷又开始哭起来。

“妈妈不喜欢哭的孩子！”妈妈忍住想抱婷婷的冲动，在心里对自己说：“可千万不能功亏一篑，不能心软啊！”于是妈妈转过身，走开，留下婷婷一个人在厨房里哭。

婷婷哭了一会儿，很快又跑出来，怯生生地靠近妈妈：“妈妈……”

妈妈没有理她，自顾自地做自己的事。

“妈妈……”婷婷又叫了一声。

“不要叫我，你要哭就自己哭个够好了！”妈妈板着脸，面无表情。婷婷的眼泪又出来了，妈妈装作没看见，直接转身再次走开。

“妈妈！妈妈！”婷婷慌忙去抓妈妈，却被妈妈的胳膊挡住。

“妈妈，婷婷不哭了，婷婷再也不哭了！”婷婷一边哭一边说。妈妈冷冰冰地说：“说不哭的，怎么还哭！再哭妈妈就真不要你了。”

“婷婷不哭！不哭！”婷婷拼命扬起笑脸，用力忍住眼泪，可怜巴巴地拉住妈妈的手：“妈妈是不是不爱婷婷了？妈妈是不是不要婷婷了？妈妈不要不爱婷婷！妈妈不要不要婷婷！”

“下次你再不听话，妈妈就不爱你，不要你了。”

“婷婷听话，婷婷再也不哭了。”听着孩子一迭声的保证，妈妈开心地笑了。这场战争，她终于赢了。

婷婷妈妈的“胜利”让人心痛，孩子的“乖巧”令人心酸。在大人和孩子的较量中，双方永远不是势均力敌，如果大人使用权威或者耍心眼让孩子服软，那么这样定下的规矩对孩子只能是一种不公平、一种伤害。而在这些伤害中，“冷暴力”是最让孩子不寒而栗的。

郭涛的儿子石头在拍《爸爸去哪儿》中说，爸爸不理他的时候就是不爱他，这是孩子幼小心灵所理解的。我们常说在孩子无理取闹的时候采用“冷处理”的办法，是说给孩子留出时间来哭泣、来发泄，等孩子情绪发泄出来了，再跟孩子讲道理就容易多了；而不是把孩子孤零零一个人丢下，更不是长时间地不理不睬。

“冷暴力”使孩子战战兢兢，为了祈求大人的爱，他们往往不知道自己错在哪里就着急承认；为了重回妈妈温暖的怀抱，他们违心地顺从大人的意愿。这样立下的规矩看似对孩子很有约束力，但是却严重地伤害了他们的感情。

3 树立规矩要尽早

欢欢在外面玩了一身泥回到家，刚一进家门，爸爸就急匆匆跑了进来："快点！赶紧跟我走！"

"到哪儿去？"妈妈问。"徐主任请客，点名要你和欢欢一起去。今天他家孙子也在，两个孩子正好可以一起玩。"

"可是欢欢还没洗手、洗脸、换衣服呢……"

"哎呀，来不及了，徐主任还在楼下等着呢，今天可是有专车来接送你们的，快点，别让人家等急了。"

妈妈有些为难："这么脏，就去见客人，不是太不礼貌吗？"

"对啊，"欢欢也接口说，"爸爸，你不是说去见客人要注重礼节吗？要干干净净的才行。"

"事有轻重缓急，欢欢，徐主任可是爸爸的领导，让他一直在楼下等着可不礼貌。衣服么，也不是很脏，妈妈赶紧拿块毛巾擦擦就得了，欢欢还小，大家才不会计较，快走吧！"

在爸爸一迭声的催促中，妈妈只得带着欢欢匆匆下楼了，欢欢呢，不用洗手、洗脸，也不用换衣服了，可以省去很多麻烦，才开心呢！

两个孩子年龄相仿，一见面很快就玩在了一起，一直到吃饭结束，还舍不得分开。妈妈看看时间，已经9点钟了，于是提醒爸爸回家，爸爸说：“急什么，反正明天也不上学。两孩子正玩得开心，我和徐主任也还有话没说完，再等等。”

“可是欢欢明天早上8点半还有绘画课呢。”妈妈焦急地说。

爸爸不以为然地说：“不就是个培训班么？本来就是报名让他玩玩的，那么认真干什么？偶尔缺一两节课也不要紧的。”

“你这不是纵容孩子无故旷课么？”妈妈生气地说。爸爸笑了：“孩子才上幼儿园中班，旷什么课呀？哪有那么严重？等他上了小学再好好上规矩就行啦！”欢欢听到了，也伸过头，吐吐舌头，调皮地说：“对呀，妈妈，我还小呢！等我上小学了，再给我上规矩！”

给孩子上规矩宜早不宜迟，可是欢欢的爸爸并不明白这个道理，每次都拿“孩子还小呢”当拖延的借口，这对孩子的教育是很不利的。别看孩子小，他们可鬼精灵着呢，当你总是以“孩子还小”为借口时，他们也学会了以此为借口逃避规矩。俗话说：“三岁看到老。”在孩子习惯和道德养成的最关键时期，假如总认为孩子小而不树立规矩，那么孩子长大后也很难遵守规矩、遵守公德。

虽然孩子小，有些道理并不能明白透彻，但是父母的态度他们还是能够看懂的。假如父母态度坚决，他们就知道哪些事是不能做的，哪些事是必须做的，久而久之，规矩也就树立起来了。所以不要总认为“孩子还小”，就不必上规矩，孩子好习惯的养成需要时间，而坏习惯一旦养成，要想改掉则更要费一番周折。所以，给孩子树立规矩要尽早，千万不能拿“孩子还小”给自己的随心所欲和孩子的随心所欲当借口。

4 家长别做规矩的破坏者

“林林，8点半了，上床睡觉啦！”妈妈看看手表，喊道。

“可是我还想再玩一会儿。”林林还在客厅里玩玩具，他不想睡觉。

“那可不行，你不是昨天才答应妈妈，每天8点半就上床睡觉的吗？林林要是说话不算话，那妈妈也说话不算话了，周末就不带林林去游乐园了哦！”

妈妈这一招可真管用，林林可不想因为这个失去到游乐园玩的机会，于是乖乖地起身去睡觉了。

过了几天，林林跟妈妈到周阿姨家玩，妈妈和周阿姨是好朋友，两人很长时间没见面了，聊得很开心。聊着聊着，就到了8点半。林林一看短针指在8和9之间，长针指在6上，马上跑过去对妈妈说：“妈妈，8点半了，林林要睡觉了。”

“林林乖，再玩一会儿，妈妈和阿姨还有话没说完呢。”妈妈哄林林。

“可是你说要是8点半还不睡觉的话，周末你就不带我去游乐园啦！”

“不会不会，”妈妈赶紧说，“这是妈妈允许你晚睡的，你再去玩一会儿吧，要不再看一会儿动画片也行。”

林林有些疑惑地看看妈妈，然后跑开去看动画片了。但是马上他又跑回来，问妈妈：“那妈妈，你周末还带我去游乐园吗？”

“当然啊！”妈妈亲了亲林林。林林看起来更疑惑了，但是他歪着小脑袋想了想，没说话，跑开了。

第二天晚上，林林还在看动画片，妈妈叫他睡觉：“林林，8点半到啰，该上床睡觉啦！”

“不睡！”林林很干脆地回答。

“不行！”妈妈很坚决地关掉电视，“咱们说好了的，每天8点半必须准时睡觉！”

“妈妈说话不算话！”林林急了，大声喊道。

“我怎么说话不算话啦？”妈妈奇怪地问。

“昨天在周阿姨家，到8点半了，你说林林可以不睡觉的。今天林林也不想睡觉！”林林回答说。

妈妈想起了昨天的事，脸红了。

孩子的规矩是大人立的，可破坏规矩的往往不是别人，正是立规矩者本人。

对孩子的要求朝令夕改，给孩子定规矩随自己的心情，这些都容易使孩子不知所措，尤其是对正处在秩序敏感期的孩子。这一时期的孩子不仅要求事物的摆设有秩序，做事情也常常是一丝不苟。这本是培养孩子好习惯的最佳时期，但是大人却往往破坏了孩子的秩序感。

大人随心所欲地要求孩子，孩子就会被弄得疑惑不解：有时候，这件事是可以做的；而有时候，这件事又被爸爸妈妈禁止，这到底为什么？当孩子的秩序感被破坏时，他们就容易产生恼怒、混乱，甚至痛苦的情绪，所以他们就会反抗，大声地说“不”。

树立规矩要保持一致性，不要随着心情或者环境的改变而随意更改。否则孩子就会像林林一样大声诘问他的妈妈：“你为什么说话不算话？”不要轻易破坏孩子的秩序感，要帮助他们利用这一时期的发展特点培养好习惯。否则，当孩子质问的时候，我们也会像林林的妈妈一样无哑口无言，无法自圆其说。

5 教育战线要一致，隔代溺爱不可取

“明天还是让你妈回去吧。”熄灯后，妈妈躺在床上悄悄对爸爸说。

“为什么？”爸爸很惊讶，“我妈才来了一个星期，你就要赶她走？”

“不是我要赶她走，而是她在这里，睿睿越来越没规矩了。”

“我也是我妈教出来的，我也没规矩吗？”爸爸有些生气。

“你怎么了？你睡觉前不刷牙、臭袜子到处乱丢，这些坏习惯不都是你妈给惯出来的。”妈妈一生气，话就说得有些重，但是妈妈的确苦恼。睿睿生性活泼、聪明，也有些调皮，妈妈前段时间费了不少功夫才给他立了些规矩，一段时间之后，睿睿养成了习惯，也能比较自觉地遵守这些规矩，但是自从奶奶来了之后，一切都变样了。

比如，妈妈规定睡觉前、刷完牙后不许吃东西。但睿睿一说“饿”，奶奶立刻捧来牛奶、蛋糕，有时甚至还有糖和巧克力。用奶奶的话来说：“可不能饿着孩子，孩子正长身体呢！”

再比如，睿睿早就学会自己吃饭了，可奶奶来了之后，睿睿就成了一只没有手的“小懒虫”，每顿饭都要奶奶喂。爸爸制止过，可奶奶说：“小孩子吃饭吃得满地都是，有收拾的时间，还不如喂他吃饭，省得麻烦。”

昨天，睿睿玩玩具摊了一地，玩好后，妈妈叫他把玩具收起来，可他

说：“奶奶会收的。”妈妈一句“自己的事情要自己做”还没说完，奶奶就跑过来，一边收拾一边说：“这点小事，奶奶来就好了。”睿睿朝妈妈挤挤眼睛，跑开了。

最令妈妈生气的是，奶奶一来，睿睿的作息时间也被打乱了。奶奶爱看电视，睿睿也挤在沙发上和奶奶一起看。妈妈叫睿睿睡觉，睿睿不肯，奶奶就说：“乖孙子，就想和奶奶多待一会儿，对不对？”妈妈说：“明天早上起不来，上学要迟到的。”奶奶不以为然地说：“幼儿园，又不是小学，上不上都无所谓。迟到一会儿打什么紧？”睿睿得意地看着妈妈。妈妈气得用手去拉他，他却一下子躲到奶奶怀里。奶奶紧紧地护着孙子，妈妈无可奈何地干瞪眼。

爸爸听完了妈妈的话，答应明天和奶奶谈一谈，但是妈妈却依然愁眉不展，她担心的是，有奶奶护着，睿睿肯乖乖地守规矩吗？

“隔辈亲”可以说是中国的国情，是再常见不过的现象。爷爷奶奶疼孩子是人之常情，但是过分的疼爱会变成溺爱，过分的关心也会变成袒护，爷爷奶奶也因此变成孩子学习规矩路上的大“障碍”。

教育讲求一致性，规矩也是如此。不能立了破，破了立，立了再破，破了再立。如此反复，不仅规矩没有了约束力，孩子根本不当一回事，就连立规矩者也会失去权威。因为别看孩子小，谁是他们的“靠山”和“避风塘”，他们可清楚得很。

其实这一问题不仅存在于“隔辈亲”中，就是爸爸妈妈之间也会对孩子的教育问题产生分歧。还有的爸爸妈妈是一开始就说好，一个唱“红脸”，一个唱“白脸”。这样的“分工”对于给孩子树立规矩可不是一件什么好事，因为这边妈妈刚给孩子立了规矩，那边爸爸又来做好人去安抚、心疼孩子，那么孩子就会拿规矩不当回事，甚至还会跟妈妈对着干。

6 一手奖励，一手惩罚

浩浩3岁了，进入了人生的第一个叛逆期，和大多数这一时期的孩子一样，浩浩总喜欢和大人对着干，对此，妈妈没少烦恼。办法也想了不少，可是总没什么特别奏效的。有一次，妈妈看到一篇叫作《蒙迪驯马》的文章，大受启发。

这篇文章讲的是美国一位著名驯马师蒙迪通过驯马发现了教育的真谛：蒙迪认为可以通过爱抚、交流等方式使野马驯服，改变了之前人们一直使用暴力甚至残忍手段驯马的方式，并且取得了非常好的效果。由此，蒙迪认为孩子的教育也可以如此，不必使用打骂等手段，只要在爱的基础上树立规矩，就可以改变孩子。蒙迪和他的太太一生中一共收留了47名问题儿童。对于这些孩子，蒙迪从不斥责打骂，而是采取了订合约的方式。他有两块白板，上面分别写着奖励和惩罚两种办法。比如，一块白板上写着："一周内上课迟到两次，就取消周末野餐的计划。"另一块白板上则写着："假如一周内没有一天迟到，就奖励一套钓鱼装备。"蒙迪严格地按照白板所写的内容执行他的规定，孩子在惩罚和奖励的双重刺激下，行为越来越规范。而随着白板内容的不断更新，孩子的行为习惯也不断得到强化。最后，这47个孩子全都成长为优秀人才。

妈妈看了这个故事后，也对浩浩使用奖励与惩罚双管齐下的办法，效果还很不错。比如，如果一个星期之内都没有乱发脾气，这一星期就可以去两次必胜客；假如一星期内胡乱发脾气超过两次，那么这星期就不能再去必胜客（要知道，这可是浩浩的最爱！）。再比如，妈妈规定9点钟之前必须上床睡觉，如果在一周内违反两次的话，就减少一次去“淘气城堡”的机会；而假如一周内每天都是9点钟之前睡觉的话，那么就可以邀请一个小朋友到家里来玩一次。

诸如此类的“奖励”和“惩罚”很多，妈妈发现，几乎是人的本性，没有人会不喜欢奖励而愿意接受惩罚。因此，为了得到更多的奖励和避免惩罚，浩浩表现得越来越好。当然，孩子年龄毕竟还小，一开始遵守规矩并没有那么自觉，妈妈在浩浩即将违反规定或者刚刚违反规定时都会事先提醒他。浩浩为了得到奖励，往往会很快改正错误，时间长了，浩浩养成了习惯，要妈妈提醒的次数越来越少了，而遵守规矩也越来越自觉了。

无论是奖励还是惩罚，目的都是一样的：为了使孩子更好地遵守规矩。而无论是大人还是孩子，都愿意接受奖励而避免惩罚。所以，使用双管齐下的办法，对于帮助孩子遵守规矩很有成效。

其实，这与我们所讲的“大棒与甜枣”的策略是相似的。如果只使用惩罚，无异于使用暴力让孩子屈服，就像蒙迪所反对的暴力驯马一样；而假如只使用奖励，孩子就只能尝到遵守规矩的甜头，却无法了解违反规矩所带来的后果。因此，两种手段一起使用，孩子才更能明白自己应该选择哪一种。

奖励，是给孩子肯定；惩罚，是让孩子敬畏。当然，我们更希望的是孩子能越来越多地得到奖励，越来越少地受到惩罚。所以，我们应该像浩浩的妈妈一样，在孩子即将违反规矩或者刚刚违反规矩的时候就提醒他们，让他们及时改正错误，这样还有希望获得奖励。毕竟，惩罚不是最终的目的，最终的目的是希望他们养成好习惯，学会遵守规矩。

Part 8

智能发展加速期：激发孩子的学习和阅读兴趣

孩子行为发展的敏感期也是孩子智能发展的加速期，这一期间，家长应注意培养孩子观察、思考、解决问题等能力，从而提高孩子的智力水平。这不仅对孩子将来的学习生活很有帮助，对他们一生的发展也大有益处。

1 阅读是孩子学习成长的好帮手

记得几年前，亲友们在一起吃饭，大家问3岁的曼曼："曼曼，你最喜欢做什么呀？"曼曼大声回答："看书！"大家都笑了，有人打趣说："到底是老师培养出来的女儿，这么小小年纪，竟然喜欢看书。"

大家的话语里，多少有些开玩笑的成分，孩子才3岁，还不认字呢，怎么看书？不过曼曼所说的看书，是跟妈妈一起"读书"。

每天临睡前，妈妈都会和曼曼早早上床，准备好这一天要读的书。有时候讲故事，有时候读诗歌。一开始，妈妈以为孩子更喜欢听故事，却不料曼曼并不挑剔，听诗歌也听得津津有味。妈妈思考过这个问题，她认为阅读的内容是什么并不重要，孩子迷恋的是和母亲在一起的这一段温馨时光，以及语言的魅力所带给孩子的快乐。

一开始，曼曼只是充当听众的角色，无论妈妈读什么，她都安静地听着。渐渐地，曼曼开始提问，还会和妈妈讨论故事情节。故事讲完了，她还会续编故事。妈妈惊喜地发现，曼曼的词汇量越来越丰富，语言能力也越来越强。比如，有一次，曼曼看到一只小狗在路上慢慢地走，她说："一只孤独的小狗，它看起来很忧郁。""忧郁"并不是口语化的词汇，曼曼不但学会了这个词，而且运用得非常恰当。

再后来，曼曼开始要求和妈妈一起“看”书。妈妈想，这或许是因为曼曼觉得书很神奇，有那么多好听的故事、好玩的游戏、动听的诗歌，她迫不及待地想要自己走入这个世界。于是妈妈每次读书，都用手指着文字，一句一句地念。曼曼虽然并不认识字，但是她随着妈妈手指的滑动，看得非常认真。妈妈讲完了之后，她会自己把书拿过去，颠来倒去地看上很长一段时间。后来，突然有一次，妈妈发现曼曼竟然把一首很短小的诗歌完整地念下来了，并且是用手指着，丝毫没有错误。妈妈惊讶极了，以为曼曼把这些字全部认得了。于是她随意找了几个字给曼曼念，发现曼曼并不能全部认识，这才知道，原来曼曼是完全凭借记忆背出来的。

不过这有什么关系呢？妈妈想。她依旧坚持用手指着给曼曼读书，曼曼依旧一边听，一边读，非常认真。慢慢地，妈妈发现曼曼真的认识字了，而且认得的字越来越多。到上小学之前，曼曼几乎可以自己一人看完整本简单的故事书。

一盏灯、一本书、一个温柔的妈妈、一个认真倾听的孩子，这世上还有比这更温馨、更令人心动的画面吗？难怪有人将亲子阅读称为“最美的时光”，这是母亲和孩子之间最为亲昵的时刻。

远不止情感增进这一方面，正如曼曼妈妈所看到的，曼曼身上所展现出来的一系列惊人变化都是阅读带来的。孩子在语言和识字发展最为迅速的敏感期，妈妈并没有专门给孩子开辟这两门课，而仅仅是通过阅读，就让孩子在不知不觉中掌握了这两项技能，可以说是“意外收获”。

记得看到过一段文字：“你或许拥有无限的财富，一箱箱的珠宝和一柜柜的黄金，但你永远不会比我富有——我拥有一位读书给我听的妈妈。”那就让我们尽情地享受这世上最美的时光吧——和孩子一起阅读，给孩子人生中最值得珍惜的、最宝贵的财富——亲子阅读！

2 做孩子探索真理的大伙伴

每个孩子都喜欢问："为什么？"楠楠也不例外，他的小脑袋中总会冒出一些稀奇古怪的想法，问一些令大人感觉匪夷所思的问题。爸爸妈妈常被他问得哑口无言，实在回答不出来，就简单地回答一句："哪有那么多为什么？这些事情本来就是这样啊，有什么好问的！"楠楠就眨眨眼睛，很疑惑地走开了。

可是这种情况在爷爷来了之后改变了。爷爷是一个退休的老教师，对孩子很有耐心，无论楠楠问什么奇怪的问题，爷爷总能想办法回答。实在答不出来，他就和孩子一起去寻找答案。

有一次，楠楠和爷爷在广场上买了一只蝈蝈，楠楠对这只体积小却能发出惊人鸣叫声的小虫子很感兴趣。于是无数的问题就产生了："蝈蝈为什么叫个不停啊？它嗓子不会哑吗？蝈蝈吃什么呀？蝈蝈会拉大便吗？……"爷爷推了推眼镜，笑着说："爷爷也不知道啊，我们一起来找答案好不好？"

楠楠拍着小手，叫道："好！"

为了搞清蝈蝈是怎么叫的，爷爷和楠楠趴在地上一动不动观察了半天，楠楠惊喜地发现："爷爷！蝈蝈叫的时候嘴巴不动，是翅膀在动。原来蝈蝈的叫声是翅膀发出来的，怪不得它的嗓子不会哑！"其实这点常识爷爷还是知道的，蝈蝈通过振翅摩擦发出悦耳、响亮的鸣叫声，但是爷爷故意不说，是为了让楠楠自己去寻找答案。

至于蝈蝈吃什么的问题，楠楠喂养了几天之后就搞明白了：蝈蝈是杂食动物，吃蔬菜，如白菜、青菜、胡萝卜等，也喜欢吃小虫子，仓鼠吃的面包虫蝈蝈就很喜欢吃。有一次，楠楠把刚拍死的蚊子放进笼子给蝈蝈吃，蝈蝈一会儿就吃下去了，逗得楠楠直拍小手。

为了搞清楚蝈蝈拉不拉便便，爷爷特意在笼子下面放了一张白纸，一段时间之后，白纸上就出现了一些硬硬的、黑黑的小颗粒。楠楠还很小心地把鼻子凑上去闻了闻，大叫："爷爷，有些臭，这肯定就是蝈蝈的便便！原来蝈蝈和我们人一样，也会拉便便啊！"看着楠楠有些得意的神情，爷爷开心地笑了。

对于孩子没完没了的"为什么"，大人常常不是直接给出答案，就是没好气地回答："不知道！"有的甚至训斥孩子："问这么无聊的问题，简直就是存心捣蛋、调皮！"这就直接将孩子对世界的好奇心扼杀在了摇篮里，同时也浇灭了孩子对于探索的兴趣与热情。

相比较而言，楠楠爷爷的做法是激发孩子学习热情与兴趣的最高明的做法——不给孩子直接的答案，而是鼓励孩子、陪伴孩子一起去寻找答案。通过探索、观察、学习得来的答案，要比直接告诉的答案，更能让孩子印象深刻。更重要的是，孩子在寻找答案的过程中，不断体验到成就感和收获感，而这正是激发孩子学习兴趣的最佳源泉。

"妈妈，蓝色和绿色混在一起变成什么颜色？"鼓励孩子自己动手去试一试，远比直接告诉孩子"是绿色"来得更聪明。

3 别做扼杀孩子好奇心的刽子手

闹闹聪明活泼，是个人见人爱的小男孩。但是，闹闹还有一个“雅号”——“破坏大王”。

闹闹对一切都很好奇，无论什么东西，他都想拆开看一看、瞧一瞧。妈妈给他买了个早教机，会唱歌，会讲故事，闹闹很喜欢。妈妈看见闹闹一直专心致志地听早教机里的故事，便放心地离开去做晚饭了。不料，一顿晚饭做好，早教机也被闹闹拆成了小零件。闹闹说，他想看看里面是哪个小人在说话唱歌，妈妈被弄得哭笑不得。

前几天爸爸去上海出差，回来后给闹闹带了个很高级的机器人。妈妈怕闹闹又把机器人拆了，玩的时候就一直在旁边看着，并且要闹闹保证，绝对不拆机器人。闹闹一边玩，一边心不在焉地答应着。玩了一会儿，闹闹就没兴趣了，妈妈把机器人收到橱柜里。不料趁妈妈洗澡的功夫，闹闹自己搬凳子把机器人找了出来，等妈妈洗完澡出来，机器人早已被拆得七零八落。妈妈又好气又好笑：“你这个破坏大王，真是让人防不胜防啊！”

闹闹有个最喜欢的小螺丝刀，那是他从爸爸的工具箱里找出来的，之后就一直不肯还给爸爸了。没事的时候，闹闹就拿着螺丝刀，在家里转来转去，一会儿拧拧这个，一会儿拧拧那个。妈妈在旁边跟着，看得心惊胆战，

生怕他把家里的电视机、洗衣机、电冰箱都拆了。由于妈妈一直看着，不许闹闹拆这个、不许闹闹拆那个，闹闹很快对螺丝刀就没了兴趣。妈妈很庆幸，赶紧交还给爸爸，让他把螺丝刀藏起来。

闹闹的行为，很多爸爸妈妈是不是很熟悉？几乎我们每个人家里都有这么一个小“破坏王”：玩具拆开、闹钟拆掉、抽屉里的东西全部翻一遍，就连凳子上的小螺丝也不放过，要拧下来看一看……爸爸妈妈十分头疼，于是便喝令孩子不许再“搞破坏”。殊不知，这一喝令虽然保全了家中的“财物”，却葬送了孩子的好奇心、探索欲和学习兴趣。

3～6岁的孩子好奇心最重，似乎有用不完的精力。他们对一切都好奇，对一切都想一探究竟。这是孩子的天性使然，是孩子敏感期的特性使然。聪明的父母应该利用这一特性，鼓励孩子去发现、去探索、去创造，而不是因为害怕他们破坏家中的东西而将他们的手脚束缚住。被束缚住手脚的孩子看似听话，循规蹈矩，不搞破坏，不让父母操心，但事实上，这样的孩子大多缺乏激情，依赖性强，也缺少探索精神和创造力。

我国著名教育家陶行知先生曾对一个因为孩子拆掉金表而大发雷霆的母亲说：与其把孩子暴打一顿，不如把金表送到表行，请师傅修，让孩子在一旁看，这样既满足了孩子的好奇心，也培养了孩子的学习兴趣。我们的父母假如因为孩子破坏了东西而头疼，就请想一想陶行知先生的这段故事。金表被拆坏了固然可惜，但孩子的天性被扼杀更令人惋惜。还有的专家建议，父母可以跟孩子一起“搞破坏”，在“破坏”的过程中和孩子一起寻找答案，满足他们的好奇心，培养他们的学习兴趣。

4 学习，要“适可而止”

“芊芊，快来！看妈妈给你买来了什么？”

芊芊飞快地跑过来，打开一看，高兴地跳起来：“是我想要的学习机！”

“对呀！芊芊想要，妈妈就买来了。”自从上次芊芊在表哥家看到学习机之后，就对这个既会说话，又会唱歌，还能插卡片的机器念念不忘，一心想要一个。妈妈心想，学习机对孩子教育有帮助，孩子想要就给她买啦。

看到芊芊兴奋的样子，妈妈趁机提出要求：“我们按照书本，从第一章开始，每天学习半个小时，好不好？”

“好！”芊芊毫不犹豫地回答。

于是，第一天，在妈妈的指导下，半个小时的学习时间很快就结束了。芊芊还想再玩一会儿，可妈妈不同意，她怕孩子一下子学得太多吸收不了，于是就把学习机放起来，对芊芊说：“我们明天再继续。”芊芊不太情愿地答应了。

第二天、第三天……芊芊每天一吃完晚饭，就迫不及待地要求妈妈把学习机拿出来，又是听故事，又是读单词，又是做简单的数学加减，非常认真。而且每次时间到了，芊芊都不肯结束。妈妈看在眼里，喜在心里，开心地想：“照这样下去，芊芊很快就能把学习机配套的第一阶段内容学完了。”

可没过多长时间，芊芊对学习机就失去了兴趣。有天晚上，她直接跟妈妈说：“我不想学习！我要睡觉！”

“不行！”妈妈干脆利落地回答。然后又哄芊芊：“乖宝宝，半小时很快就过去了，我们早点学完，早点休息，好不好？明天妈妈带你去吃肯德基。”

“好吧。”芊芊噘着嘴答应了。可她实在太困了，懵懵懂懂的，平常半小时的内容学了将近一小时才结束。到了床上，头一沾枕头就睡着了。

从那以后，芊芊对学习机的热情大减，每次都要妈妈催促，才磨磨蹭蹭地打开学习机。而且学习的时间也越来越短，不到半小时就嚷嚷着要看电视。妈妈很生气，不允许芊芊这样不守规矩，一定要芊芊完成半小时的学习任务，并且要保证学习质量。芊芊更不乐意了，每次都要跟妈妈对着干，妈妈想尽办法，连哄带骗，可是效果都不好。妈妈就纳闷了：怎么会变成这样呢？

终于有一天，妈妈发现学习机不见了。问爸爸，爸爸说没看见；问芊芊，芊芊说不知道。找了半天，竟然在杂物间的旧衣柜里找到了。不用问，这肯定是芊芊干的。妈妈又生气又伤心：这孩子，不但不爱学习，还学会了撒谎，以后可怎么办啊？

每个孩子天生都是热情的学习者，他们对一切新鲜事物都有着强烈的好奇心、用不完的精力和无休止的探索欲望。但是如果突然有一天，他们没有学习的热情和兴趣了，变得不爱学习，也不愿再去探索与研究新奇的东西，那么我们大人就应该反思一下自己了。

芊芊从一开始对学习机的狂热到后来的逃避，最后竟然把学习机藏起来，孩子是在用自己的方式抗议大人强加给她的学习压力。爸爸妈妈要以此为戒，不要给学龄前的孩子强制性的智力型学习任务，这样会给孩子造成压力。一旦孩子感到了压力，再有趣的玩具也会变得索然无味，从而失去学习的热情和兴趣。所以，父母要想保持孩子的学习热情和兴趣，就不要给孩子强加学习任务，要让孩子在玩中学、学中玩，给孩子一个宽松愉快的学习环境。

5 带孩子到大自然中去

妈妈注意到了澜澜在绘画上表现出的天赋，于是便送澜澜到绘画班学习。可是暑假才刚开始没多久，一次意外，澜澜的手指受了点小伤，医生说要两周左右才能恢复。爸爸提议，正好趁这段时间带孩子回乡下老家去看看爷爷奶奶。妈妈一开始有些犹豫，她不想让孩子浪费这么长的时间，即便不能拿画笔，在培训班听听老师讲课、观摩观摩其他孩子画画，不是也能提高绘画水平吗？后来在爸爸的劝说下，妈妈才勉强同意带澜澜回乡下。

澜澜从来没有在乡下住过那么长时间，所有的一切都充满了新奇与吸引。澜澜对一切都充满了兴趣，小脑袋里装满了问不完的问题：为什么下雨天，晒谷场上有大片的蜻蜓低低地飞来飞去？为什么小河的水总是往一个方向流淌，而不是流来流去？为什么知了的幼虫没有翅膀，而一夜之后就长出了翅膀？为什么牛的嘴巴一天到晚在咀嚼，不吃草的时候也动个不停，但是却不会被撑坏……澜澜的问题有的看起来很幼稚，甚至可笑，但是爸爸却一点都不嘲笑她，而是耐心地带着她去观察，去寻找答案。

由于没有了绘画任务，澜澜天天都跟着爸爸和村子里的小朋友们在外面玩耍：在小河的石头缝里捉虾、用米筛装上饭粒捞鱼、把竹竿头上粘上面团捉知了、和爷爷奶奶一起上山挖野生葛根……澜澜似乎每天都有用不完的精力。几天的时间，澜澜就晒黑了，可是澜澜变得结实了。更令妈妈惊奇的是，原本医生说要两周才能恢复的伤口，竟然不到10天就恢复得很好了。

乡下度假结束了，澜澜跟随爸爸妈妈恋恋不舍地回到了大城市。妈妈有些担心，不知澜澜荒废了这么长时间，绘画水平是不是下降了很多，是否还能跟上班级其他小朋友的进度。可令妈妈惊喜的是，老师竟然说澜澜的绘画水平突飞猛进，画的树啊，草啊，小动物啊都仿佛有了生命，活灵活现，以前做得不太好的细节问题也处理得很好。老师说，这或许跟孩子在乡下住了一段时间有关，孩子观察这些事物，这些事物的形态全都深深地印在了脑海里。妈妈不由感叹道："都说大自然是孩子最好的老师，这句话可一点都不错！"

从那时起，妈妈下定决心以后每年都要带澜澜到乡下长住一段时间，澜澜听完后高兴得跳了起来！

大自然对于孩子来说，永远是那么神奇、那么充满了魅力和吸引力。大自然中有无穷无尽的奥秘等待着孩子们去探索、去挖掘，亲近自然则正是培养孩子学习热情与兴趣的最佳途径。

在孩子学龄前，很多父母都迫不及待地想让孩子学习数学、音乐、绘画，美其名曰"赢在起跑线上"。然而，与其让孩子过早地背负上学习的压力，扼杀他们的学习兴趣，不如带孩子们走进大自然，与大自然亲密接触，释放孩子的天性，让孩子的身与心自由成长。

"上100堂早教课不如带孩子亲近大自然。"这是我国著名心理学家李子勋对现代父母的呼吁。把孩子从钢筋水泥的世界中解放出来，与孩子一起亲近自然，春天去聆听鸟叫，夏天去下河摸鱼，秋天去收集树叶，冬天去打雪仗、滚雪球，让孩子在尽情玩耍的过程中学会观察、学会探索、学会研究、学会自己寻找答案，让孩子永远保持学习的热情和兴趣，这比教会他们书本知识要重要得多！

6 物质奖励不是灵丹妙药

潇潇说要画画，妈妈把画板拿给他，可是画了没几分钟，潇潇就扔下画板说不想画了，想写字。妈妈递给他纸和笔，还没写完两行，潇潇又说："妈妈，我的手累了，想听故事。"妈妈把故事机打开，听着听着，潇潇就开始摆弄起故事机来，看得出心思一点都没放在故事上。妈妈在一旁看着，心中暗暗着急："看来潇潇是个没常性的孩子，以后上了小学可怎么办？不行！"妈妈对自己说，"一定要想办法培养他学习的兴趣。"

妈妈决定使用奖励的办法来激发潇潇的学习兴趣。潇潇最喜欢吃肯德基，妈妈怕他发胖，平常不怎么带他去。为了激励潇潇，妈妈对他说："假如潇潇每天能完成一张珠心算，一周共7张，妈妈周末就带你去吃肯德基。"

"耶！"潇潇高兴得跳起来。

妈妈又对潇潇说："如果你每天能写半张字，一星期7天都能坚持完成，吃完肯德基，妈妈再带你去儿童乐园！"

"保证完成任务！"潇潇大声说。

一开始，潇潇每次都很自觉地坚持完成妈妈交代的任务，有时也想半途而废，但妈妈只要说一声"肯德基哦！"或者"儿童乐园！"潇潇就立刻乖乖地拿起纸和笔。可是一段时间过后，妈妈发现这一招好像不太管用了，原因是——潇潇对肯德基和儿童乐园不再那么感兴趣了。

“肯德基我吃腻了！”潇潇又一次大声对妈妈说。不管妈妈怎么说，甚至威胁以后再也不带潇潇去，潇潇也不为所动地扔下笔，转过头去看动画片了。

“那以后儿童乐园也不带你去了。”妈妈生气地说。

“不去就不去！”潇潇头也不回。“反正里面的东西我都已经玩够了。”

妈妈呆呆地站着，不知怎么办才好。

用奖励的办法激励孩子的学习兴趣，潇潇妈妈这一招本来也没什么错，但错就错在她过度依赖物质奖励，而忽视了对孩子精神需求的唤起。

一般来说，对孩子的奖励可以分为两种：一种是精神奖励，是对孩子某方面完成出色所给于的夸奖，这种夸奖可以是语言的，也可以是肢体的，甚至一个赞许的眼神、一个会心的微笑都会让孩子感觉到大人对自己的肯定；一种是物质奖励，即金钱、礼物或者好吃的东西等等。

的确，物质上的奖励来得最直接有效，可是它有两个弊端：一是当孩子对得到的物质失去兴趣时，就再也无法激起他们内心的动力了；二是会让孩子形成这样一种思想：可以用学习来换取某种物质。那么学习就会变成一种手段，而不是内心的需要，甚至更极端的，孩子会用学习来要挟大人，以期获得更多的物质奖励。

所以，大人在对孩子某种好的行为进行奖励或者激励孩子的学习兴趣时，应该首选精神奖励。3～6岁的孩子其实对物质并没有过多的需求，相反，来自父母的爱和肯定才是他们最需要的。每当孩子取得一点进步，父母都要及时给予肯定和鼓励，看着孩子的眼睛，告诉他们“你真棒”；或者给孩子一个大大的拥抱、轻轻的亲吻，这些都可以给他们带来精神上的满足，也可以让他们感觉到自己的行为是正确的，从而进一步保持和优化这种行为。

Part 9

注意力训练期：7招教你提升宝宝专注力

良好的专注力是一个人有效学习的重要条件，对孩子进行早期专注力的培训是我们每个家庭的重要任务。因此，每对父母都应该在孩子可塑性最强、接受能力最好的敏感期，掌握训练孩子专注力的方法，帮助孩子培养专注的能力，为孩子今后的学习与人生发展打好基础。

1 不要小看孩子的新发现

最近迪迪在学写数字，妈妈给了他一张纸和一只黑水笔，让他从1写到10，每个写一行，然后就去厨房做饭了。

大约半小时过后，妈妈从厨房里走出来，发现迪迪还埋着头趴在桌子上，心里很满意。于是便削了个苹果，轻轻走到孩子身边。不料一看，差点把妈妈给气坏：数字只写了两行就被扔在了一边，桌上摊满了餐巾纸，迪迪正拿着黑水笔专心致志地在餐巾纸上画着。

“迪迪！”妈妈大叫一声，“你在干什么？”

迪迪吓得一哆嗦，手里的黑水笔也掉到了桌子底下：“我……我在写字。”

“这就是你半个小时写的字吗？”妈妈气不打一处来。

“妈妈，你看，我在餐巾纸上写字！”迪迪指着桌上的餐巾纸说。妈妈看着画满了乱七八糟线条的餐巾纸，生气地说：“你哪里是在写字？你分明就是在玩！”

“妈妈，我发现一个秘密。”迪迪一边说，一边示范给妈妈看。“妈妈，你看，在白纸上写字，写出来的字很细，在餐巾纸上写字，写出来的字很粗。妈妈，你说这是为什么？我仔细看过黑水笔的笔尖了，很细呀，为什么写到餐巾纸上就变粗了呢？而且，妈妈，你再看，”迪迪兴奋地对妈妈说，

“如果把黑水笔一直按在餐巾纸上，你不需要用力，里面的黑水就不停地往外冒，一会儿就变成了一大团……”

“你这孩子，就是做什么事都不专心！”妈妈生气地打断迪迪的话，“叫你写字，你净搞些没用的！这样下去，你以后学习可怎么办哦！”

迪迪愣愣地看着妈妈紧皱的眉头，慢慢噘起了小嘴。

妈妈责怪迪迪写字不专心，却不曾想到，她的干涉和打断才是孩子专注力形成的最大阻碍。

所谓敏感期，就是孩子表现出对某一事物狂热迷恋的一个阶段。正是因为这种迷恋，才导致孩子对迷恋对象的专注，因此这一时期才正是培养孩子专注力最好的阶段。当孩子对迷恋对象的兴趣过去后，或者某种行为已经能熟练掌握，就会出现另一个敏感期。所以对于学龄前的孩子来说，学什么并不重要，重要的是养成他们专心致志于某一事物或行为的好习惯。很多在大人眼中无聊的游戏，孩子却能玩得全神贯注，比如戴笔套，孩子可以玩上两三个小时，重复、机械，但他们却乐此不疲。这是孩子在手和眼发展的敏感期自我训练的一种方式，孩子完成了这一过程，他们的手和眼的协调性就得到了发展。更重要的是，在这一过程中，孩子的专注力也得到了训练。

迪迪停止了写字，沉迷于妈妈认为“无聊”的游戏，但正是这个“无聊”的游戏在悄悄锻炼着孩子的专注力。孩子不仅专心于他自己的发现，并且还提出了问题，这说明孩子的思维能力也得到了发展。可惜的是，这一过程却被急于看到学习成果的妈妈给打断了，同时打断的还有孩子的专注力。要知道，有时候怎样学比学什么更重要。所以，当你的孩子沉浸在“无聊”游戏中时，请不要轻易打断他们，不要用成人的功利心来强迫孩子投入到所谓的“有用”的学习中去。就让孩子沉浸在他们的世界中，让他们专注于他们感兴趣的事物，这样，你才能培养出一个专心致志的好孩子。

2 给孩子创造自由的环境

妈妈坐在窗边的桌子旁写文章，一抬头，从窗子看出去，可以看到一帆小小的身影。他蹲在院子里的那个沙坑里已经快一个小时了，反反复复地重复着一个动作：朝小桶里面装沙子，当沙子装满后，他又倒出来，然后再装满小桶，然后再倒出来。他就那样一个人玩着，对身边发生的一切浑然不觉。

姥爷端着东西从院子里来来回回走过好几次，问一帆："要不要吃水果？"一帆头也不抬，也不说话，只是摇摇头。姥爷还想问，妈妈轻轻地叫了他一声，对他摆摆手，姥爷笑着走开了。

姥姥从厨房里出来，赶紧去拉一帆："小宝贝，身上都弄脏了。快点跟姥姥到厨房里来，姥姥给你弄好吃的。""我不要！"一帆用力地挣脱姥姥，重新蹲下身子去装沙。姥姥想把一帆抱走，被妈妈轻声地制止了。妈妈想看看，一帆玩沙子究竟能玩多长时间。

又玩了一会儿，一帆终于站起身来。妈妈原以为游戏结束了，不料一帆左右看看，突然跑到屋里拿了个饮料瓶出来。瓶子里有中午没喝完的饮料，一帆毫不犹豫地倒进了沙子里。然后，一帆转身跑向厨房，问姥姥要了点水，再飞快地跑过来，倒在沙子里。就这样，来来回回十几趟，一帆看起来终于满意了。于是他蹲下来开始用塑料铲子搅拌沙子和水，最后索性连铲子都扔掉了，直接用手。他把沙子堆成一个大大的沙堆，然后再推平。接着他又用铲子在沙堆里挖出一个大坑，两边用沙子垒得高高的，然后再用饮料瓶去装水，倒进这个坑里。玩了一会儿之后，他似乎对这个又不满意了，于是又推倒重来，开始堆砌其他形状。

就这样，一帆沉浸在沙子和水的世界里整整三个小时，一下午的时间过去了。妈妈数次阻止了身边的人去打扰一帆，因为她知道，沙子和水对于孩子来说，就是最好的玩具。

一帆的妈妈深知孩子的天性：没有哪个孩子不爱沙、不爱水，沙和水的结合可以给孩子带来无穷的乐趣和创意。所以她选择给了孩子绝对的自由，而正是在自由的空间中，一帆的专注力形成了。

孩子的世界就是这么奇妙，只要是他感兴趣的，无论什么，他都能全心全意、全神贯注地投入其中。作为大人，我们所要做的就是给孩子自由，不要去打搅他们，让他们专心于自己喜欢做的事情。这样，孩子长大后，也能保持这一品质和习惯，在自己所喜欢的事物上倾尽全力、全神贯注。

有些家长在看到孩子玩沙、玩水时，常常不由分说就把孩子拎回家，理由要么是“太脏了，搞得一塌糊涂”，要么是“万一沙子进到眼里，怎么办？”看到这样的家长，我常常会想到一个词：因噎废食。如果只是为了未知的危险而将孩子的手脚束缚住，那么不如把孩子养在温室里，因为这世界本来就充满了未知的危险。作为父母，我们要做的是防范危险，教育孩子在危险发生后应该如何处理，而不是一味地去限制孩子。比如玩沙玩水，我们只要教育孩子玩完后洗手、洗澡、换衣服，那么细菌就会大大减少。而沙子进入眼中，应该立刻用清水冲洗，而不能用手揉眼睛，这样既满足了孩子的需求，又让他们懂得了一些生活中的基本常识。

3 有时候，孩子不需要你的指点

珠珠从幼儿园一回来，就大声对妈妈说："妈妈，给我一张纸和一支笔，我要写字！"

"写字？"妈妈又惊又喜，"我的宝贝女儿会写字了？是老师教的吗？"

"不是！是我自己学的！"珠珠骄傲地大声回答。

妈妈赶紧给珠珠找来纸和笔，珠珠对照着墙上的识字表认认真真地写起来：上、下、人、大、小……

妈妈偷偷地走到房间给老师打了个电话，老师告诉妈妈，这几天珠珠突然迷上了书写，下课后一个人盯着墙上的笔顺图或者识字表，用手指在图表上比画、书写。珠珠做这件事的时候很专注，连小朋友叫她出去玩都不肯去，常常一写就是一二十分钟。

妈妈听完老师的话开心极了，她放下电话就迫不及待地走过去看珠珠写字。别看珠珠写的字歪歪扭扭，但是临摹得还像模像样的。不过就是有些笔顺写得不对，妈妈看了一会儿，忍不住说："珠珠，你错了，这个字不是这样写的，要先写横，再写竖……"说着，妈妈拿过珠珠的笔做示范。珠珠连忙到妈妈的手里来抢："珠珠写！不要妈妈写！"

笔被珠珠抢回去了，但妈妈还是站在一边指导："珠珠，这个字应该这样写，不是画画，不能把字写到格子外边……”珠珠有些不耐烦了，她用力推妈妈：“妈妈，你走开！走开！”

妈妈被珠珠赶走了，但她一会儿给珠珠送一杯牛奶来：“珠珠，渴了吧？回到家还没喝水呢，快先喝杯牛奶。”一会儿给珠珠削一个苹果：“珠珠，饿了吧？先吃点水果好不好？”一会儿又对珠珠说：“珠珠，一下子不能写太多字，我们还小，手腕会疼的。”其实，妈妈做这些，只是想借机看一看珠珠进行得怎么样，她担心如果珠珠的笔画错了以后就难以改过来了，于是总要趁机指点一二：“错了，珠珠，你又写错了，这个弯太大，要小一点……”

珠珠用手捂着耳朵大声说：“妈妈，你烦死了！烦死了！走开！走开！”

妈妈诧异了：“你这孩子！怎么跟妈妈说话呢？一点都不懂事！”

珠珠扔下笔，跑开了。

孩子长大后，常常听见父母抱怨孩子做事不专心。尤其在做作业时，一点点小事、一点点小声音都会使他们分心、转移注意力。其实孩子的这种反应大多是因为在敏感期专心于某件事的时候不断被打扰所造成的。比如，一个五六岁的小男孩蹲在地上，聚精会神地看着蚂蚁搬食物，旁边的奶奶一会儿让他喝水，一会儿给他吃饼干，一会儿又给他添衣服。孩子在观察的过程中本应是培养专注力最好的时机，但是就这样一次次被打断。最后，小男孩索然无味，站起来跑开去玩了。

当孩子专心致志做一件事的时候，最怕的就是打扰，即便是看电视、听故事、玩玩具的时候，都不要轻易去打搅、干扰孩子。孩子饿了、渴了、累了，自然会说，会停下休息，大人不要借着关心的名义去过多干涉。孩子的学习过程被中断可以继续，但孩子的专注力一旦被扰乱就很难再继续了。

所以，我们家长应该给孩子一个自由的空间，给孩子一个安静的环境，让孩子心无旁骛地去做一件事。要记住，敏感期的孩子无论做什么，都是在学习，而对他们来说，学习的过程往往比学习的结果更加重要。

4 带着问题听故事，锻炼孩子的注意力

都说小孩子喜欢听故事，可俊俊妈妈却发愁：俊俊做什么事都是三分钟热度。就连听故事也是一样，一开始俊俊还能认真地听，可一会儿之后就坐不住了，头转来转去，屁股扭来扭去，连飞过去的一只蚊子都能让他分心。这可怎么办呢？

后来有位老师告诉俊俊妈妈一个小“窍门”：让孩子边听故事边回答问题。妈妈决定试一试。

今天的睡前故事是《雷雨天》。

“小白兔弯着腰在山坡上割草。天气很闷，小白兔直起身子，伸伸腰。

“一只小燕子从他头上飞过。小白兔大声喊：‘燕子、燕子，你为什么飞得这么低啊？’

“燕子边飞边说：‘要下雨了。空气很潮湿，虫子的翅膀沾了小水珠，飞不高。我正忙着捉虫子呢。’”

讲到这里，妈妈问：“小燕子为什么飞得那么低呀？”

“因为它要捉虫子吃。”

“那为什么飞得低才能捉到虫子呢？”

俊俊挠挠头，不好意思地吐吐舌头。妈妈说：“因为要下雨了，虫子的翅

膀沾上了小水珠，所以飞不高。”

“对的！”俊俊连连点头，催妈妈讲下去，“那后来呢？”于是妈妈接着讲故事：

“是要下雨了吗？小白兔往前一看，那边池子里的小鱼都游到水面上来了。小白兔跑过去问：‘小鱼，小鱼！今天怎么有空出来啊？’

“小鱼说：‘要下雨了。水里闷得很，我们游到水面上透透气。小白兔，你快回家吧，小心淋着雨。’”

妈妈又停了下来，问：“小鱼儿为什么要游到水面上呢？”

“这个我知道，”俊俊大声回答，“因为下雨天水里闷，小鱼儿待不住。”

“对的！”妈妈亲了亲俊俊，继续讲故事：

“小白兔连忙挎起篮子往家跑。他看见路边有一大群蚂蚁。小白兔把要下雨的消息告诉蚂蚁。

“一只大蚂蚁说：‘是要下雨了，我们正忙着往高处搬家呢。’”

这次没等妈妈开口，俊俊就抢着说：“要下雨了，蚂蚁要往高处搬家，是因为怕雨水淹了它们的窝。我说得对不对，妈妈？”

“对极了，宝贝！”妈妈拍着手说，“俊俊真是越来越聪明了。”

“后来呢？”俊俊迫不及待地想听下文。

“后来啊，小白兔加快步子往家跑。他一边跑一边喊：‘妈妈！妈妈！要下雨了！’

“一道闪电划过天空，接着小白兔听到了轰隆隆的雷声，然后‘哗、哗、哗……’大雨就下起来了。”

“咦，俊俊，妈妈问你个问题：为什么小白兔先看到闪电，然后才听到雷声呢？”

“因为……因为……”俊俊想了半天，回答：“因为眼睛长在前面，耳朵长在后面。”妈妈听了“哈哈”大笑，对俊俊说：“那是因为光的速度比声音的速度快，所以我们才先看见闪电，后听到雷声。其实它们都是同时发生的。”

“原来是这样。”俊俊有些遗憾地说。“可惜小白兔妈妈也不知道，否则它就可以告诉小白兔了。”

研究证明，3岁孩子的注意力只能维持9分钟，之后逐年递增，6岁时能够维持16分钟。如果在这一时期有意识地对孩子的注意力进行培训，孩子长大后就能保持更长时间的注意力。那么怎样才能延长孩子专注力的时间呢？俊俊妈妈所采用的“边听故事边回答问题”就是一个很好的方法。

可以看得出，在这次讲故事的过程中，俊俊一点儿都没有走神，和妈妈互动得非常好。一开始，有的问题他还回答不上来，但是后来，他不但准确回答了妈妈的提问，自己也提出问题并给出了答案。这说明，他不仅仅是在被动地听故事，更是在主动地集中注意力，在听故事的过程中开动了脑筋。

任何事情，假如只是被动接受，对于年幼的孩子来说，很容易一会儿就分心，一会儿就走神。只有互动，才能专注。所以妈妈们在亲子阅读的过程中，不妨试一试这个办法，不但能够增加阅读的乐趣，还能训练孩子的专注力，可谓是一举两得！

5 别让孩子过度依赖电视机

妈妈一进门，就看见旭旭在看电视，刚要开口，爸爸“嘘”了一声，把妈妈拉到一边，神秘地说：“别说话，我在训练旭旭的专注力。”

“训练专注力？”妈妈有点难以置信。

“你不是总说咱家旭旭注意力不集中，容易分心吗？我查了一些资料，发现书上都说假如让孩子做自己喜欢的事情，集中注意力就会容易得多。旭旭不是爱看电视吗？那我就让他看电视，不是为了看电视而看电视，而是为了训练他的注意力而看电视。”

妈妈笑了：“怎么跟绕口令似的，不过，”妈妈还是有些担忧，“这能管用吗？看电视太多对孩子眼睛也不好，再说我也没听哪个专家说训练孩子的专注力用看电视的方法啊。”

“方法还不都是人想出来的么。难道你没发现，旭旭做任何事情都没有看电视那么专心？你看他那目不转睛的样子，周围的人不管干什么都没法影响到他。”

妈妈看了看专心致志盯着电视机的旭旭，勉强地说：“好吧，就听你一回。”

“你就等着过一段时间看效果吧。”爸爸得意地说。

一段时间之后，妈妈发现旭旭做事容易分心的状况不仅没有改善，反而越来越严重了。以前旭旭虽然爱看电视，但对其他事情也不是没有兴趣，比如听故事、玩玩具等，即便容易分心，也是津津有味。但自从不限制他看电视之后（甚至还有些故意放纵他的意味——按照爸爸所说的用看电视的方法来训练他的专注力），旭旭对于其他事情的兴趣就越来越小了，几乎全部的心思都放在电视上。他不再喜欢听故事，也不爱出去跟小朋友们玩，甚至连平时最喜欢玩的玩具也很少碰了。一到家就开电视，坐在沙发上一动不动，一连能看两三个小时，甚至连吃饭都不肯离开电视。

妈妈慌了神，找专家咨询过后才知道，旭旭得了典型的“电视依赖症”，爸爸也为自己的异想天开而后悔不已。

关于看电视对孩子的影响，台湾著名作家李敖有一句话一针见血：“电视就是批量生产傻瓜的机器。”

看电视时，孩子处于一种完全被动的状态，因为无须思索，所有的一切信息就被植入了孩子的脑中。研究发现，人们在看电视时所发出的脑电波与睡眠时的脑电波十分接近，这就从科学的角度进一步解释了为什么孩子在看电视时是处于完全不动脑筋的状态。

电视的声音、颜色、画面变化十分迅速，五光十色的影像虽然能够牢牢地抓住孩子的视线，令孩子目不转睛。但是这种“专注”是短暂的、有代价的，因为电视节目相对于其他事情来讲要有趣得多，孩子的注意力自然能轻易被吸引住；但是孩子一旦养成了依赖电视的习惯，那么今后他在任何需要意志力的事情上，尤其是在学习上，就很难集中注意力了。看电视无须主观意志的配合，而学习则需要人的主动意识和意志努力才能完成。经常看电视的孩子缺乏的就是意志力，自然也就无法专注于学习。

有资料显示，孩子3岁时每天看一小时电视，8岁时注意力涣散的可能性就比其他孩子要大一倍；孩子在6岁前看电视过多，那么孩子在7岁入学时就有很大的概率出现注意力不集中的状况。正如有的父母给孩子看“幼儿爱因斯坦”等电视节目并没有培养出新的“爱因斯坦”一样，反而造成了孩子注意力不集中、学习困难、行为偏差等窘境。所以说，对孩子而言，电视真是个坏东西。

6 有意识地培养孩子的注意力

星期天，妈妈带球球去公园玩。球球放风筝、划游船、玩碰碰车，开心极了。

回到家，爸爸问："今天在公园都看到了些什么呀？"

球球摸摸小脑袋，一脸迷糊地说："没什么呀！人？好多的人！"

"还有呢？"

"还有……还有……"

球球答不上来，妈妈气得敲一敲他的小脑袋："去了半天，就只看到人了？你这孩子，平常就是这样，对什么都不注意……"

爸爸拦住了妈妈，对球球说："下星期天我们再去一趟公园，看看春天到了，公园里都多了哪些小动物，好不好？"

"好！"球球清脆地答应着。

第二个星期，爸爸和妈妈一起带着球球去公园。因为爸爸事先交代了"任务"，所以球球一进公园，不再像以前一样到处疯跑疯玩，而是一边走，一边仔细看。

"爸爸，你看！水里多了很多小蝌蚪！"球球指着景观河里游来游去的小蝌蚪说。

“对的，”爸爸回答，“这些小蝌蚪有的长大后变成青蛙，有的变成癞蛤蟆，你再仔细看看，它们有差别吗？”

球球身子趴在水边，很认真地看了半天，说：“有的小蝌蚪是黑色的，有的是咖啡色的，有的身上还有小斑点。黑色的小蝌蚪个头也小一些，尾巴是细细的；咖啡色的小蝌蚪个头大一些，尾巴是扁扁的、宽宽的。我知道了！”球球惊喜地叫起来：“黑色的小蝌蚪长大后变青蛙，大一点的小蝌蚪长大后变癞蛤蟆！”

爸爸赞许地摸摸球球的头：“球球不但观察仔细，还学会推理了，真不错！”

“还有的小蝌蚪有两条腿，但是他们的尾巴好短！”受到表扬的球球更来劲了，再次趴下身子仔细地观察起来，连衣服弄脏了都顾不上，然后又有了新发现。

“是啊，因为小蝌蚪长大后要变成青蛙或者癞蛤蟆，这个过程是在水里完成的。当它们的四条腿都长出来之后，就蹦蹦跳跳地上岸了。”

球球听了很开心，拉着爸爸妈妈的手，学着青蛙，蹦蹦跳跳地走开，去寻找别的小动物。

球球和爸爸妈妈一路走，一路看，看到了小麻雀在树上筑巢、蜗牛在草丛里慢慢地爬；球球发现松软的泥土地上有一些凸起的小颗粒，后来跟爸爸研究了半天才明白这是蚯蚓的工作成果；另外，球球还分清了桃花、梨花和樱花的区别，以前球球以为花儿就是花儿，都一样。

半天的时间很快过去了，在回家的路上，球球还意犹未尽，爸爸答应他下周还一起出来。妈妈悄悄对爸爸说：“从来没见球球这么认真观察过事物，今天他的收获可真不少！”

爸爸微笑着对妈妈说：“所以说父母是孩子最好的指导老师呢！”

我们常常会抱怨孩子观察事物不仔细、不专心，其实解决这个问题很简单：就是让孩子带着任务去观察，带着目标去学习。事实证明，在孩子没有接受任务之前，观察到的事物只有接受了明确任务之后的30%左右。尤其对于年纪较小的孩子来说，更是如此。

3～6岁的孩子由于正处在细微事物的敏感期，他们对事物的观察往往有大人意想不到的角度。但是因为年龄小，所以他们没有明确的目的性，有的时候只是看一眼就匆匆过去了。要形成印象，要使孩子静下心认真观察，最好的办法就是给孩子一个明确目标。让他在观察之前有一个概念：我要去看什么？我看到的有什么？能否回答爸爸妈妈的提问？带着这些问题去观察，孩子就不会走马观花，就会专注于被观察对象。这样，孩子的专注力就能进一步加强，学习效率也会大大提高。

高度的专注力是孩子学习和做事能够成功的关键，对孩子的一生都是至关重要的。它是一个人能高度集中精力于某一件事情的能力，是一项非常重要的心理素质。正所谓："书痴者文必工，艺痴者技必良。"从小训练孩子的专注力可以让孩子一开始就养成集中注意力的习惯，从而让孩子在以后的社会竞争中更具优势。

7 训练要适应孩子的身心发展水平

鑫鑫上幼儿园了。几天后，老师对妈妈说，鑫鑫上课有些不专心，常常在上课的时候扭来扭去，或者发呆、出神，这都是缺乏专注力的表现，建议妈妈给孩子加一些这方面的专门训练。老师说，“找不同”就是一个不错的方法，妈妈决定回家试一试。

果然，鑫鑫对这个游戏很感兴趣。妈妈给他买了几本《找不同》的书，并陪着孩子一本一本地做。鑫鑫一开始还是很马虎，两幅图画中有三五处明显的不同，他也常常漏掉一两个。妈妈先是让他自己找，找到一个就夸奖他、鼓励他，鑫鑫很快就有了兴趣。实在找不出来的，妈妈再指导他。这样，由易到难，鑫鑫不但掌握了“找不同”的窍门——一处一处仔细比对，而不是笼统地看整体全貌——并且专注力也得到了加强。老师告诉妈妈，鑫鑫最近上课明显注意力集中了许多，希望妈妈再接再厉，给孩子更进一步的训练。

妈妈得到鼓舞，很是开心，于是给鑫鑫买了更多的《找不同》。后来，简单一些的《找不同》已经难不倒鑫鑫，他做起来飞快，四、五处的找不同他常常是十几秒钟就能找出来。鑫鑫已经是“找不同”的高手啦！妈妈高兴之余，决定趁热打铁，给鑫鑫加大训练强度。

鑫鑫只有三岁半，可妈妈觉得3～4岁孩子使用的《找不同》书早已不适合鑫鑫了。她先是买了适合5～6岁孩子使用的，鑫鑫的速度明显慢下来许多，但是在妈妈的帮助下，还是能够勉强做完。可当妈妈换了7～8岁孩子使用的《找不同》书后，鑫鑫就开始不喜欢这个游戏了：因为每次鑫鑫都无法独立完成，即便在妈妈的帮助下，鑫鑫还是很难完成任务。

渐渐的，鑫鑫变得越来越抗拒，即便妈妈强迫他拿起笔、摊开书，他也是万分不情愿。每次找不了几分钟，他就扔下笔，或者找到一半的时候，就开始头转来转去、身子扭来扭去。妈妈看到这种情况，更是着急，于是增加训练时间，希望能提高鑫鑫的专注力。但事与愿违，鑫鑫变得更加坐不住，后来一听到妈妈叫他“找不同”，鑫鑫就开始大哭。妈妈真不明白，到底鑫鑫是怎么了？

使孩子维持兴趣、保持专注力的秘诀在于不断让孩子尝到成功的喜悦，这就是为什么鑫鑫对“找不同”那么感兴趣的原因所在。对3岁左右的孩子来说，每次一二十分钟的时间、每次找3、5个不同之处是最为恰当的，它既能让孩子体验到成功的乐趣，又不会让孩子感到疲惫厌倦，因此他们才能持续地集中注意力，这也是老师让妈妈用“找不同”来训练孩子专注力的初衷所在。

但是当妈妈看到初步成效之后，她却采取了急功近利的做法——企图通过延长时间、增强难度来使孩子的专注力得到进一步增强。所谓“物极必反”，她这样做，违反了孩子身心发展的规律。不但让孩子感觉到疲惫、厌烦，也很难让他们体会到成功的喜悦，自然就会反感、抗拒，哪里还能谈得上提高专注力呢？

通过游戏等方式培养孩子的专注力本身是一个很好的方法，但无论什么方法都应该遵守儿童身心发展的规律，并且能让孩子不断地体会到成功的乐趣。过大的强度、过高的难度，非但达不到应有的效果，甚至会导致事情向反方向发展。所谓“欲速则不达”，就是这个道理。

Part 10

人际关系敏感期：培养孩子良好的社交能力

人皆有社会性，我们的孩子长大后也不可能离开社会而独居。事实证明，一个拥有良好人际关系的人，生活会更加幸福，事业也更容易成功。儿童一般从3岁左右进入社交敏感期，利用孩子这一时期的特性，把孩子培养成一个乐于并善于与人交往的人，对孩子的人生大有裨益。所以我们家长要注重培养孩子的社交能力。

1 友谊的小船，说翻就翻

自从上了幼儿园，妈妈发现波波迷恋上了“交换”。

先是食物。波波每天上学，都要求妈妈给他的小书包里装上一些好吃的。妈妈奇怪地问：“幼儿园里不是有小点心吗？”波波不屑地回答：“幼儿园里的大家都有，我这些是带给好朋友们吃的。”

听老师讲，波波每天都把带去的好吃的摊在桌上或地上，很大方地让小朋友们自己挑，条件只有一个：“和我做好朋友。”几乎没有一个小朋友能抗拒这种“诱惑”，所以波波在幼儿园的朋友最多，每天回来，他都很快活。

可是有一天，他回来后气呼呼地说：“我以后不带好吃的到学校去了。”

“为什么？”妈妈问。

“因为他们有的吃完我的东西后，就不跟我玩了。”波波说。

妈妈以为波波的交换到此为止，不料波波又开始带别的东西到幼儿园去了——玩具。

波波开始懂得和小朋友们一起分享玩具——一起玩耍、共享玩具，他和小朋友们在这个过程中建立友谊；或者跟小朋友交换玩具——当然很多时候是“不对等”交换，一架遥控飞机可能只换来一根棒棒糖，也有可能用一张小卡片换来一辆遥控车；甚至直接把玩具送给某个他喜欢的小朋友。但是这一过程维持了几个月之后又结束了，因为波波发现，有的小朋友为了得到他的玩具，会同意跟他做朋友，但是一旦得到了，有时就会反悔。波波开始意识到用交换或者赠送玩具得来的友谊也并不长久。

在波波用食物或玩具来获取小朋友的友谊、与小朋友建立关系的过程中，妈妈一直采取不干涉的态度，她只是在暗暗观察，到底波波会和哪些小朋友建立起真正的友谊。

到了波波5岁的时候，妈妈发现他开始有了固定的好朋友——冉冉和谦谦。每次妈妈去幼儿园接他，都发现三个孩子在一起玩耍，气氛十分和谐。节假日，应孩子们的要求，几家大人带着孩子也经常聚会。波波说冉冉和谦谦是他“这辈子最好的朋友”，妈妈笑问他为什么，他说：“因为他们懂我，我也懂他们呀。”妈妈欣慰地笑了，这下子，友谊的小船不会说翻就翻了。

孩子们之间的交往通常开始于物物交换，他们在交换过程中建立起与彼此的关系。但正如波波所发现的那样，建立在物质交换基础之上的友谊并不牢靠，友谊的小船说翻就翻。食物消失得最快，因此通过食物“贿赂”获得的友谊也消失得最快；玩具虽然不会消失，但是一旦所有权发生变更，变成对方的了，那么对方也就可能随时结束这段友谊。这些都会让孩子感到困惑、苦恼，但这正是人际关系敏感期所要经历的重要过程。所以波波妈妈处理得很好，不去过分干涉，只静待孩子自己去完成这个过程，发展属于他们的人际关系。

通过不断的磨合与试验，孩子会发现，真正的友谊是建立在彼此关爱、相互了解、兴趣相投、性格相合的基础上的。虽然孩子不能说出什么大道理，但是彼此之间的感情他们是懂得的，正如波波所说：“他们懂我，我也懂他们。”这就是理解，而理解也正是成人世界维持友谊的重要纽带。当孩子们懂得了这个道理，他们的人际关系就达到了一种真正的和谐。

2 懂礼貌是好孩子的标配

恬恬父母被派去进修一个月，正在放暑假的小姨就担负起照顾孩子的任务。小姨很喜欢恬恬，但她发现，恬恬的脾气不太好。小姨跟恬恬妈妈提过此事，妈妈不以为然地说："这是现代独生子女的通病，每个人在家都是小公主、小王子，长大了就好了。"可小姨不这么认为，她决定帮恬恬改改坏脾气。

一天，恬恬想看书，书柜很高，她够不着，于是就大叫："喂！喂！快点帮我来拿书！"小姨就坐在旁边，假装没听到。恬恬又叫了两次，小姨还是没反应。恬恬快步走过来，一把拍在小姨的身上："叫你帮我拿书都不理我！"

"你是在叫我吗？"小姨故作惊讶地说。

"家里就我和你两个人，不是叫你，我叫谁呀？"恬恬气鼓鼓的。

"可是你应该叫我'小姨'，或者叫我名字安缇，我可不叫'喂'呀。"小姨说。

"好吧，"恬恬想了想，不太情愿地说，"安缇，帮我拿书。"

"现在你是在请我帮忙吗，恬恬？"

"是的，你到底帮不帮我拿啊？"恬恬有些不耐烦了。

"请人帮忙要说'请'字，对不对？再说你的语气可不怎么好，我听了不舒服，心里就不怎么情愿帮你忙啦。"

恬恬噘起了嘴巴，她不想听小姨的，乖乖说“请”字，于是便站在那里，两个人陷入了僵持。

小姨也不去管她，自顾自看起了书。过了一会儿，恬恬拉拉小姨的手：“小姨，请你帮我拿书，好吗？”

“好啊！”小姨开开心心地站起来，帮恬恬把书拿下来。恬恬拿了书想跑开，小姨叫住她：“恬恬，你忘记跟我说什么了？”

恬恬想了一会儿，一拍脑袋：“噢，谢谢小姨！”

“不用谢，恬恬！”小姨甜甜地笑着说，“小姨很乐意帮你的忙，你是个有礼貌的好孩子。”

恬恬不好意思地跑开了。

之后类似的事情发生时，小姨都会不失时机地提醒恬恬：好好说话。有时候恬恬发脾气、哭闹，小姨也不去管她，决不妥协。慢慢地，恬恬学会了礼貌用语，遇到事情也学会了用商量的语气。

正如恬恬妈妈所说，现在的孩子大多是独生子女，家中大人娇惯，所以养成了唯我独尊、颐指气使的坏毛病，而这些毛病对于孩子今后的人际交往非常不利。那么怎样才能让孩子改掉这些坏习惯、学会尊重他人呢？恬恬的小姨给了我们一个很好的示范：模拟人际交往的氛围。

恬恬的语气不好，小姨并非真心和她计较，只是想通过平等的交流让孩子明白：这样的说话语气、这样的人际交往方式是不受欢迎的。让孩子在真实的情景中体验被别人拒绝的感受，就更容易让他们接受对的方式。

体验是最好的老师，这比说教一千遍都更有效果。事实证明，适当的受挫和大人的教育相结合，更容易帮助孩子建立起正确的观念。当孩子了解了该如何与他人交往、相处后，他们就会获得更多的友谊和快乐，从而建立起人际交往的基础。

3 孩子们的规则更简单

星期六的晚上，爸爸妈妈带嘟嘟到爸爸的一个领导家做客。恰好领导家的孙子陶陶也在，两个孩子年龄相仿，很快就熟悉起来，玩到了一起。

大人们在说话，孩子们在玩耍。突然，陶陶大声叫起来，叫声几乎能把屋顶都掀翻。大人们赶紧跑过去看，原来两个孩子在争一个玩具，四只小手都紧紧地抓住那个玩具，谁都不肯让步。嘟嘟小脸憋得通红，陶陶则不停地高声尖叫。

“嘟嘟！”妈妈抢上一步，把嘟嘟的手从玩具上拽开。“怎么这么不懂礼貌？赶快还给小哥哥。”

“我不！”嘟嘟大声说。“这是我先找到的，我还没玩，他就上来跟我抢。”

“是我家的玩具！是我家的！”陶陶大叫。

“好的，好的，还给你，陶陶不生气了哦！”爸爸赶紧把玩具塞到陶陶手中。

“我是弟弟，妈妈你说过哥哥要让着弟弟。”嘟嘟的声音中带上了哭腔。

“我们是客人，是到陶陶家做客的……”妈妈话没说完，嘟嘟就开始哭起来：“可上次芊芊到我们家做客，你也要我让着她，你说她是妹妹，她是客人，我就要让着她。妈妈，你说话不算话，我再也不听你的了！”

领导也在劝自己的孙子把玩具让出来，可陶陶不愿意。爸爸尴尬地摇摇手："不用不用，这孩子，太不听话了，回家我再教育他……"

嘟嘟一听"回家"两个字，就坚决要回去，拉着妈妈的手，一边哭一边往外拽。陶陶愣愣地站着、看着，突然，他跑上来，把玩具往嘟嘟怀里一塞："你不要走，我把玩具给你。你不要走，好不好？"

玩具的诱惑力好像真挺大，嘟嘟咬着嘴唇，想了一会儿，说："那好，我不走了，不过你得答应我，不再和我抢了。"

"我不抢，我不抢。"陶陶保证似的连声说。"不过，"陶陶放低了声音，带着恳求般的语气，"那你不玩了，能不能让我玩一会儿？"

"好吧，"嘟嘟很慷慨地答应了，语气像个骄傲的王子，"不过你得等我玩够了。"

陶陶答应了，两个孩子又手牵手到一边去玩了，剩下三个大人，你看看我，我看看你，不解地笑了。

孩子的世界就是这么奇妙，前一分钟还在为一个玩具争得面红耳赤，后一分钟又你说我笑，好得像一个人一样。

正如大人的世界常常充满着矛盾和纠葛，孩子们也有自己的纷争和烦恼，有的时候是一块糖，有的时候是一个玩具。他们会争吵、会哭泣、会发怒，甚至会打闹。在保证安全的条件下，大人们最好不要插手孩子之间的纷争，让孩子们自己去解决。正如孩子长大后也要处理复杂的人际关系一样，孩子们从小就应该学习这方面的技能，这也是今后立足社会所必需的一项本领。

孩子本身就是在吵吵闹闹中学会如何处理人际关系的，在这一过程中，孩子们会形成只有他们自己才懂的规则。因此大人不要用所谓成人世界的规则去影响他们，放手让他们自己去处理，结果往往比大人的干预来得更好。

4 “没关系”比“对不起”更重要

晚饭后，奶奶带悠悠到楼下玩，可是没多会儿，她们就回来了。奶奶一脸怒气，悠悠哭哭啼啼。

“怎么了？”妈妈奇怪地问。

“还不是二楼的皮小子弄的！”奶奶气呼呼地说。“我们到了楼下，悠悠和小朋友们玩老鹰抓小鸡，那皮小子也跑过来，一把推在悠悠背上，悠悠被推倒了，膝盖都摔破了。”

妈妈连忙卷起悠悠的裤腿，果然蹭破了一块皮。妈妈赶紧拿来消毒水和棉签，一边给悠悠擦，一边问：“疼吗？”

“疼，妈妈。”悠悠抽抽噎噎地说。

“嗯，破了一块皮，妈妈知道悠悠肯定有点疼，不过幸好没有伤到骨头，再说悠悠是勇敢的孩子，这点小伤算不了什么，对吧？”

“嗯……”悠悠犹犹豫豫地回答。

“不行，我得到二楼去，找那小子的父母去。”奶奶余怒未消。妈妈赶紧拦住她：“妈，这事儿我来处理就行，您也忙了一天了，歇会儿。”

支开奶奶后，妈妈轻轻将悠悠抱在怀里，说：“悠悠能不能跟妈妈说说，然然是怎么推你的？”

悠悠说：“我们玩老鹰抓小鸡，他也跟我们一起玩，后来他说我跑得太慢了，就用手来推我，我就摔倒了。”

“哦，那就是说然然并不是故意推你、要让你摔倒的，是不是？他只是想帮你，只不过好心办了坏事，对吗？”

悠悠点点头：“好像是吧。”

“既然然然不是故意弄伤你，那么我们能不能原谅他呢？”

悠悠低着头，不说话。妈妈继续说：“如果像奶奶说的那样，找到然然的家里去，然然爸爸妈妈肯定要骂他，然然会觉得很委屈，然后就记恨你。那样你们以后就很难再做好朋友了。如果别的小朋友知道了，也会觉得你不对，说不定大家也不愿意和你交朋友了。因为小孩子在一起玩，总避免不了磕磕碰碰的，如果大家觉得你是个斤斤计较的小心眼的人，那大家还会愿意跟你玩吗？”

悠悠摇摇头，妈妈接着说：“如果我们原谅然然，然然肯定会很感激你，别的小朋友知道后，也会觉得我们悠悠是个大度、懂得原谅别人的人，以后悠悠的朋友就会越来越多，对不对？”

“对！”悠悠清脆地回答。“妈妈，我决定原谅然然了。”

话音刚落，门铃响了，原来是然然妈妈带孩子上门道歉来了。悠悠一见然然，就大声说：“然然，我知道你不是故意推我的，我原谅你了，我们还做好朋友吧！”

两个孩子手拉着手笑了，两位妈妈也相视而笑。

我们总教育孩子打扰、冒犯他人后要说“对不起”，然而从某种意义上来说，教会孩子说“没关系”更加重要。

孩子在交往的过程中总会遇到一些小摩擦、小磕碰，有时难免会受一些小伤。父母应该帮助孩子学会原谅他人的无心之举，学会宽以待人，这不但能让孩子与小朋友们和谐相处，更能帮助孩子拥有宽广的胸怀、善良的心，也就为孩子长大后拥有良好的人际关系打下了坚实的基础。

孩子之间发生矛盾、摩擦，大人不应盲目地介入，更不应盲目袒护自己的孩子、指责他人的孩子，而是要教会孩子正确分析、明辨是非、妥善处理。

当然，教孩子“得饶人处且饶人”，并不是教孩子一味忍让、忍气吞声，而是要教孩子学会掌握原谅的标准。原谅也要有原则，对于故意的伤害和挑衅，孩子要学会保护自己。

5 孩子也有自己的“小群体”

芮芮家搬进了一个新小区，妈妈发现她总是站在阳台，看着楼下嬉笑玩耍的孩子们。妈妈知道她寂寞，鼓励她结交新朋友，比如对门的阿源，比芮芮只大半岁。但芮芮摇摇头，说：“我不想跟男孩子玩。”

妈妈顺着芮芮的目光看楼下，花坛边有三个5、6岁的女孩在一起玩，芮芮的眼中充满了羡慕和向往。妈妈知道，芮芮是想和她们一起玩。

于是，在一个周日的下午，妈妈拿着新烘焙的小点心，带着芮芮，走近了那三个女孩。小点心很快“收买”了三个小女孩的心，片刻工夫，她们就接纳了芮芮。远远地看着四个小女孩愉快地玩耍，妈妈心里充满了安慰。

从那以后，芮芮每次放学回来都要到楼下和那三个小女孩一起玩。四个小伙伴有时手拉着手，徜徉于小区的花坛、健身区，景观河边；有时在一起窃窃私语，发出一阵阵欢笑声；有时一起分享零食、点心；有时又头碰头，一起看漫画书、故事书。

当然，四个小朋友也有意见分歧的时候。比如她们约好一起去捉蝴蝶，蝴蝶捉到后是放在瓶子里好，还是塑料袋里好？各人有各人的意见。后来她们决定举手表决，三票决议放在塑料袋里，一人说放在瓶子里，最后决定用塑料袋，上面扎几个孔，这样蝴蝶就不会闷死了。很显然，她们已经学会了商量，并采用了民主的办法。

有时候几个好朋友也会闹矛盾，尤其是当其他三人对一人说“你再怎么怎么样，我们就不和你玩了”时，被排除在外的那个人看起来心事重重、十分忧郁。这种忧郁是大人无论用什么办法都无法排解的，只有当另外三人原谅她，她重新得以回到这个小团体时，才能重新快乐起来。

孩子渐渐长大，他们学会了自己挑选朋友，芮芮拒绝跟小男孩玩，这说明她已经开始有了自己的择友标准。研究发现，孩子在5岁之前，交友方式一般是一对一的单独交往，之后就开始进入新的发展阶段——以三五人为单位的小团体交往，并且选择交往对象更倾向于精神上的交流，从而结束以物易物的交换方式。

通过这种小团体的交友方式，孩子学会了表达情感、分享快乐、团队协作以及民主解决问题等人际交往活动中的行为方式。在这个小团体中，孩子们有自己处理事情的方法。通常不需要大人插手，他们就能够处理得很好。孩子们在交往的过程中会慢慢形成一定的规则，这个团队中的人都必须遵守这个规则，否则就会受到批评甚至排斥。违反规则的孩子通常会很快改正这一错误，因为他迫切地需要重回集体。这对于培养孩子今后的团队协作精神以及遵守规则的好习惯是很有帮助的。

结束物品交换、一对一交友方式，进入小团体、三五成群的交往，证明孩子的人际关系敏感期到达了一个新的高度。而在这个小团体中所学到的处理朋友之间关系与矛盾的技能，则是孩子们今后走向社会、处理人际关系的重要基础。我们的孩子正是这样一步步成长起来的。

6 为孩子搭建友谊的桥梁

韵韵三岁了，妈妈把她送去上幼儿园。老师告诉妈妈，韵韵在学校里很胆怯，性格也很内向，不喜欢说话，也不喜欢和小朋友交往，常常一个人躲在角落里发呆。妈妈想，这或许和韵韵从小由奶奶带大有关。奶奶腿脚不方便，所以通常不带韵韵下楼。韵韵平日里都是和奶奶在一起，无论做什么事，都很依赖奶奶，与其他小朋友接触的机会也少，这些都是造成韵韵胆怯、内向的原因。妈妈决定听从老师的建议，多带韵韵出去走走。

平时放学后，妈妈会尽量早下班，带韵韵到小区的公共区域玩耍。那里的孩子多，每天傍晚都很热闹。韵韵一开始只是远远地看着，眼中充满了羡慕与渴望。妈妈问她："要不要和其他小朋友一起玩？"她点点头，又摇摇头。妈妈知道她想，但是不敢，于是决定帮帮她。

妈妈私下和其他小朋友的家长交流，请他们鼓励自己的孩子来找韵韵玩，当然还不忘记准备一些小礼物。当其他小朋友来找韵韵时，韵韵本能地躲开，但是在妈妈的鼓励下，她终于肯牵着小朋友的手一起去玩了。刚开始，她还是徘徊在妈妈身边，要不时地看到妈妈才安心。但后来随着朋友越来越多，她的活动范围也越来越大，开始能够跑开很远，和小朋友们到远离妈妈的地方玩了。

随着韵韵朋友的增多，她的性格也越来越开朗，就是胆子还有点小。尤其是在人多的时候，还是不大愿意说话。妈妈发现韵韵的记忆力和模仿能力特别强，数数、背古诗、讲故事都很好，于是便有意地创造条件让韵韵在人前表演。先是鼓励韵韵在家人面前展示，每一次都给予大力的鼓掌和热情。当孩子有了信心之后，她开始鼓励孩子在亲朋好友面前表演。一开始，韵韵还有些扭扭捏捏，但次数多了，她变得越来越自信，也越来越喜欢和人打交道了。

一段时间过后，妈妈惊喜地发现，以前那个胆怯、内向的韵韵长大了，变成了一个开朗、活泼、大方、自信的小女孩。老师告诉妈妈，韵韵在学校里也有了很多好朋友，韵韵对妈妈说，她每天都很开心！

有的孩子生性腼腆，有的孩子因为成长环境关系而内向胆怯。在孩子3~6岁的人际关系敏感期，爸爸妈妈若是能够及早发现孩子的这些问题，就可以帮助孩子克服困难，走进人群，学会与人交往。

父母要帮助孩子克服胆怯，鼓励和赞美是让孩子信心倍增的最好方法，只要看看他们的目光就可以知道，胆怯的孩子不是不喜欢掌声，而是面对那么多的人他们会感到不安和紧张。所以父母要尽可能地创造条件，让孩子多接触人群，发现他们的长处，鼓励他们勇敢地表现自己。这也许不是一朝一夕能够实现的，孩子的表现也会有反复，因此家长要有心理准备，多鼓励、不责骂，让孩子慢慢成长。

对于不善于和他人交往的小朋友，父母要学会为他们搭建友谊的桥梁。韵韵妈妈的做法就很值得借鉴，自己的孩子不敢走出去，就想办法让别的小朋友来拉她走出去。孩子从3岁开始，内心就有了与人交往的渴望，尤其是对同龄的孩子，更是渴望能彼此成为朋友，只不过因为胆怯、不知如何与人交往而暂时搁浅而已。随着朋友的增多，孩子体会到交往的乐趣，更能在交往的过程中学会如何与人相处，慢慢的，孩子就掌握了人际交往的技能。之后，不需要家长的帮忙，孩子也能快乐、和谐地与人相处了。

Part 11

想象力膨胀期：每个孩子都是艺术家，不要抹杀孩子的创造力

举世闻名的艺术大师毕加索曾说过这么一句话：“孩子是天生的艺术家。”作为家长，我们应该努力发掘孩子的创造力和艺术天性。孩子艺术细胞日渐苏醒的敏感期，是发现并培养孩子艺术天性最好的时机。

1 不要破坏孩子天马行空的想象

炯炯的幼儿园要举行一次绘画艺术展，主题是《我眼中的未来世界》。炯炯很喜欢画画，一连好几天，他一放学回来就趴在桌子上画啊画，今天终于完工了。

炯炯开开心心地把完成的作品拿给妈妈看，妈妈一看，眉头就皱起来了：“炯炯，你画的这乱七八糟的是什么呀？”

“这是我的汽车和家，它有翅膀，可以飞；要是想散步的话，就可以把脚从汽车里伸出来，慢慢地走。我们一家人住在汽车里，这是它的大嘴巴，所有吃的东西都从这里塞进去，它吃饱了，我们就不用吃饭了。”

“汽车变飞机还能解释得通，”妈妈不以为然地说，“可汽车为什么要有脚？四个轮子不是跑得更快吗？汽车吃饭，我们人不吃饭，那不要饿死吗？这又是什么？”妈妈指着河里几个像鲨鱼一样的东西。

“那是我们人类的宠物，它们专门吃河里的脏东西。”

“鲨鱼当宠物？”妈妈笑了，“还帮你吃河里的脏东西？那它们吃了不会死啊？”

“不会啊，你看它们都有那么长的尖牙齿，能把脏东西磨碎的。”

妈妈不屑于跟炯炯争论有关环境污染和鲨鱼生病的问题，指着图画的上方问："这太阳上绑根绳子是什么意思？"

"这绳子的一头连着太阳，一头连着我们的汽车家，汽车跑起来，太阳就跟着咕噜噜滚起来，就像电风扇一样。不过太阳风是热的，可以煮开水，还可以取暖。"炯炯得意地说。

妈妈一听几乎笑出声来："你也太异想天开了吧？那妈妈问你，怎么才能把绳子扣到太阳上去？那还不被烧坏啊？"

炯炯回答不出妈妈的问题，很不开心，撅着嘴拿回自己的画。妈妈很耐心地对他说："《未来世界》需要想象，但你这想象太离谱了，不行，必须重画，否则得不到奖的。"

"我不！"炯炯大声抗议，"这是《我眼中的未来世界》，又不是你的！"

"那你得不到奖我可不管啊！"妈妈吓唬炯炯。炯炯头也不回地走开："得不到奖就得不到，反正我就是这么想的。"

比赛的结果出来了，炯炯竟然获得了一等奖，妈妈大跌眼镜。

妈妈认为炯炯的画得不到奖，是因为她用了成人的眼光和思维去衡量一个孩子的想象力。孩子眼中的世界跟我们成人是有很大不同的，他们的视野是感性的、灵动的、随性的、跳跃的，因此他们的想象也是天马行空的。大人要用宽容鼓励的态度让孩子自由发挥想象力，而不是用"经验"来禁锢他们。

对于孩子有创意的想法，我们不可以直接说："错。"因为这样会打击孩子思考问题、回答问题的积极性。相反，我们可以这样说："嗯，想法很有创意，不过再想想，还有没有更好的想法。"以此激励孩子更进一步地思考。总之，我们的回答一定要以激发孩子积极思考问题为出发点。

对于孩子的艺术创作，大人们不应该自以为是地去指指点点，对孩子们说："你这儿不对，那儿不好。"我们应该成为孩子艺术作品的欣赏者，而不是指导者；要鼓励孩子插上想象的翅膀，在艺术的世界中自由地飞翔。

2 艺术需要自由成长

妈妈记不清囡囡是什么时候开始对绘画痴迷的，好像是在她两岁多的时候。有一次，妈妈在纸上写东西，走开一会儿，回来一看，囡囡已经把整张纸都涂满了。歪歪曲曲的一大堆线条，有的像麻花，有的像乱草。妈妈一看，夸张地叫起来："这是囡囡画的吗？真好看啊！"

"妈妈，你看，这是我画的河马！这是大象的长鼻子！这是爷爷种的喇叭花……"囡囡的手在纸上乱指，妈妈虽然一点都没看出来河马、大象和喇叭花在哪里，但还是连连点头："不错，不错，囡囡画得真好！"

从此之后，囡囡迷恋上了画画。虽然一段时间以来，她的"画"始终是以一大堆线条为主，但妈妈觉得可以比较娴熟地使用画笔了，也是囡囡的一大进步。

又过了一段时间，囡囡突然不肯画画了，她依然对画很感兴趣，但是却不肯自己画，而是不断地央求别人替她画：有时央求隔壁的大哥哥给她画大鲨鱼；有时央求妈妈给她画一个小公主；有时又央求爸爸给她画各式各样的汽车……妈妈让她自己画，她把小手别在身后，一个劲地摇头。妈妈想，或许是因为她觉得太难了，无从下手，因此也就不去勉强她。

就这样，囡囡不断央求别人替她作画，而她在一旁认真地看着。别人画的时候，她的小手也会不自觉地动。拿到画之后，她还会用手指一遍遍地临摹。就这样，又过了一些日子，囡囡突然开始自己动笔画画了，起先画的画很小，也看不大出是什么。后来，画的轮廓逐渐清晰，看得出是一些小兔子，而且画的尺寸也逐步增大。囡囡的家里养了两只小白兔，妈妈想它们一定就是囡囡的“模特儿”。囡囡有时候会蹲在那里看很长时间的兔子，然后突然起身奔向书桌，一口气画出很多只兔子，简直称得上“一气呵成”。

又过了一段日子，囡囡画的兔子越来越像了，不但形态各样，而且神态灵动，很多人看了囡囡的画都赞不绝口。而这时的囡囡听到大家的赞美时，表现得特别平静。

囡囡之所以在听到赞美时表现得特别平静，是因为她在绘画的过程中满足了自我、发展了自我，而这种对自我能力的肯定正是带来内心平静的最大力量。

囡囡的妈妈给了孩子一个自由、宽松的环境，赞美、鼓励孩子，但是却不给孩子设定条件，不急于求成勉强孩子。研究证明，孩子的许多能力都是呈螺旋形上升的，中间或许会出现反复，有时甚至停滞不前，绘画也是如此。因此，当孩子遇到瓶颈时，家长切不可过于急躁，有时候不如“放任自由”，给孩子留出足够的空间。孩子看似停止了发展，其实他们的内心依旧在迅速成长。就如同囡囡，当她感觉绘画的对象过于复杂时，便不敢动手，但那段时间，她通过观察别人画画和临摹，绘画的技巧也在不断地进步。当越过这一瓶颈期后，她的绘画水平就有了飞跃般的进步。

孩子天生具有敏锐的发现力和想象力，他们对周围的一切感到惊奇，所有的孩子都像小小艺术家，努力地探索这个世界的美丽和奇迹，而我们家长所要做的，就是留出足够的空间，静待孩子的自由绽放。

3 “放纵”孩子对艺术的热爱

乔乔最近突然迷上了画画。

当老师告诉妈妈，乔乔在幼儿园里什么都不乐意干，就是喜欢画画时，妈妈敏锐地意识到：乔乔的绘画敏感期到来了。

妈妈给乔乔买了一些基础绘画的书，从最简单的线条临摹开始。乔乔对此简直爱不释手，当天晚上就抱着这些书，一遍一遍地临摹、涂色，不厌其烦。

一转眼快到9点了，妈妈催促乔乔睡觉，乔乔央求妈妈：“妈妈，你再让我画一会儿吧，就一会儿。”画了一会儿之后，乔乔还是不肯去睡觉，又央求妈妈：“好妈妈，你再让我画一会儿，求求你了！”妈妈看看手表，竟然已经10点多了，怕孩子身体吃不消，于是故意说：“妈妈困了，可是要先去睡觉了啊！”乔乔头也不抬地说：“妈妈你去吧，我画完这个就自己过来睡觉。”要知道，乔乔平时胆子可不大，深更半夜留他一人在客厅，放在以前这可是怎么也不肯的事。妈妈见乔乔如此痴迷画画，想了想，终于还是不忍心打断他，于是一个人先去睡觉了。

妈妈一觉醒来，发现客厅的灯还亮着，立刻翻身起来，发现乔乔还在埋头苦画。地板上散落了一大堆画纸，虽然杂乱无章，但乔乔似乎乐在其中。妈妈再看看手表，几乎惊叫起来：竟然已经深夜两点多了！

乔乔看见妈妈，终于把画笔一扔，揉揉眼睛，打了个大大的哈欠，说：“妈妈，我困死了，我要睡觉了。”头一沾枕头，乔乔就轻声打起了呼噜。妈妈心疼地看着孩子，决定明天任性一回，不送乔乔上幼儿园了，请一天假，让孩子好好补个觉。

或许有人会认为乔乔妈妈这是在放纵孩子，然而，这种“放纵”却是最宝贵的，因为它维护了孩子对艺术的热爱，保护了孩子的艺术天性。

当孩子的敏感期到来时，孩子对其所敏感的对象通常会表现出极大的兴趣与热爱，常常不分时间和地点，全身心地投入到敏感对象的学习与操作中。这与艺术家们狂热地沉浸在艺术创作中是一样的。艺术需要热爱，甚至需要狂热的爱，只有全身心地投入，才能创作出令人感动的作品。当孩子表现出这一点时，我们应当支持并鼓励，让他们对敏感对象的兴趣与热爱保持的时间更长一些，这不仅能够使他们迅速成长，或许还能令他们找到终身感兴趣的事业。

孩子在敏感期的学习通常具有令人惊异的热情，这种痴迷于敏感对象的热情往往可以带来不可思议的意志力，这正是影响孩子今后学习的重要素质之一。同时在这一过程中，孩子的认知能力和技能都得到了迅速的发展，并且获得自我能力的肯定。当孩子的学习热情获得满足、自我能力得到肯定后，他在学习对象上的巨大潜力也就体现出来了。

虽然并不是每一个对绘画或音乐表现出痴迷的孩子长大后就一定能成为画家或音乐家，但是在他们的敏感期保护他们的热情和毅力是非常重要的，这是我们每一位家长的责任。

4 那是孩子谱写的华丽乐章

丁丁四岁半的时候，有一天妈妈去幼儿园接他，他拉着妈妈的手说："妈妈，我们教室还有一架钢琴。"说完拉着妈妈走进教室。原来他所说的"钢琴"就是教室后排的暖气片。丁丁得意地对妈妈说："这是我发现的，老师和其他小朋友都不知道。"

丁丁放开妈妈的手，用指甲在暖气片上轻轻地划过，暖气片发出悦耳的声音。丁丁转过头看着妈妈："妈妈，你听，是不是和钢琴的声音一样好听？"

"是的。"妈妈回答。"丁丁竟然能找到大家都不知道的钢琴，真棒！"

"妈妈，我还能弹曲子呢！"说完，丁丁认真地在暖气片上敲击起来，一边敲，一边唱歌。虽然敲出的根本不能称之为"音符"，跟他唱的歌也半点不搭调子，但丁丁半眯着眼睛，嘴里高声地唱着，非常投入、非常陶醉的样子，妈妈一点也不忍心打断他。

"好听吗，妈妈？"丁丁"自弹自唱"表演完毕后，兴奋地问。妈妈点点头："很好听。"

"那我再弹一首给你听。"丁丁立刻开始了第二首曲子。就这样，丁丁一直弹了半个多小时，才恋恋不舍地跟妈妈回家。

从那以后，每次妈妈到幼儿园接丁丁回家，丁丁都要拉着妈妈在教室后面的暖气片上“弹奏”一会儿。后来，丁丁还找到了很多类似的“乐器”。

比如，在吃饭的时候，不锈钢勺子从丁丁手中滑落，碰到了碗边，发出“叮”的一声脆响。丁丁立刻像发现新大陆一样，拿起勺子，在不同的碗和盘子上敲击。丁丁一边敲，一边仔细听，然后高兴地告诉爸爸妈妈：“你们听，碗和盘子也会唱歌。”的确，敲在不同的碗和盘子上发出的声音也不同，高高低低，真的很像一首曲子。

就这样，丁丁不断在生活中寻找并发现各种“乐器”，妈妈发现，这并不比他倾听或者弹奏正规的乐器获得的快乐少。

丁丁在音乐敏感期的表现就是不断发现生活中各种有趣的“乐器”。对于一般孩子来说，音乐敏感期通常出现在4岁左右。这个阶段的孩子对声音特别敏感，尤其是带有节奏感和乐感的声音，更能引起他们的关注和兴趣。因此，作为父母，应该努力给他们提供宽松的音乐环境，让他们的乐感在这一时期得到最大程度的发展。

很多对音乐刚刚有所感应的小孩子喜欢用筷子击打桌子、碗、地板，甚至用小木棍敲响饼干盒、玩具小火车……在成功满足小怪兽制造声响吸引大人注意的同时，我们还应该鼓励他大胆进行自我表达，对外界保持敏锐感知，积极主动探索大自然不同的节奏与韵律，进而培养他们健全的体格和良好的社交能力，这也是音乐带来的潜移默化的影响。

说到音乐环境，大多数家长或许会想到各种乐器或音乐培训班。其实对于孩子来说，音乐无处不在。凡是能够发声的物件，在他们的耳中都是“乐器”。当然，他们会慢慢喜欢让他们感到愉快的音乐，而对于调皮捣蛋所制造出的噪音，他们会自然而然地放弃。和绘画一样，每个孩子都具有天生的音乐品质，当听到欢快的曲子时，他们会微笑，会随音乐起舞；而当听到悲伤的音乐和歌曲时，很多孩子会流泪，这就是最好的证明。

5 给语言插上想象的翅膀

胜胜说话比较晚，到了三岁的时候，突然变得比以前爱讲话，还时不时冒出一两句“惊人之语”。

比如，幼儿园有一次举行亲子活动，老师站在场地上叫：“小朋友们围成一个小圆圈，家长们在外边围成一个大圆圈……”胜胜立刻焦急地纠正老师：“老师，你说错啦，是‘小小朋友’和‘大小朋友’！”家长们听了，全都乐了。

有一段时间，胜胜变得有些叛逆，他发觉和大人的意思相反就是说“不”字，于是无论别人说什么，他都在前面加上一个“不”字。但有些时候加的位置不对，很令人忍俊不禁。比如，妈妈让他再吃一个包子，他摇头不肯吃，妈妈说：“再吃一个，胜胜吃得下。”他很生气，大声反驳妈妈：“胜胜不再吃一个，胜胜不吃得下！”妈妈要去上班，他缠着妈妈，大叫：“不妈妈去上班！不妈妈去上班！”大家常常被他逗得合不拢嘴。随着胜胜慢慢长大，胜胜发现了说“不”字的奥秘，没有人刻意纠正他，但他就是自己学会了。比如“不妈妈去上班”改成了“妈妈不去上班”；“不胜胜吃得下”变成了“胜胜吃不下”。

有一次，汽车在高速上行驶，胜胜要开窗，妈妈对他说：“这是高速公路，不能开窗的。”胜胜问：“那到了矮速公路，我们是不是就能开窗了呢？”妈妈听了笑坏了，原来胜胜把“高”和“矮”这一组反义词“活学活用”到了这里，也真是独特的“创意”啊！

随着胜胜语言表达能力的逐渐提高，胜胜在日常说话中也渐渐用到了书面语。有一次，妈妈满屋子追着一只苍蝇跑，可就是打不着。一旁看热闹的胜胜慢悠悠地说：“苍蝇逃之夭夭，妈妈你心急如焚也没有用。”妈妈惊讶地问他哪里学的这两个词，他却说不上来，想了半天，回答：“电视里听到的。”妈妈张着嘴半天没回过神来，胜胜鹦鹉学舌没什么，但是他却能如此贴切情境地使用真是令人惊奇。

胜胜带给妈妈的惊喜每天都在发生，比如昨天晚上讲睡前故事时，有一只蚊子在眼前飞来飞去，胜胜不耐烦地挥着小手赶蚊子，突然编起了诗：“一只小蚊子，飞到东来飞到西，嗡嗡嗡嗡叫不停，一个巴掌拍死你。”

这首诗，不仅有趣，而且还押韵，妈妈紧紧地将胜胜搂在怀里，心里充满了骄傲。

孩子天生是语言的学习者与创造者，他们总能带给大人意想不到的惊喜。尤其是在语言的敏感期内，孩子语言能力的突飞猛进，常常令大人们瞠目结舌。从这点意义上来说，他们简直就是诗人。

生活是孩子语言学习的第一来源，因此大人们在孩子牙牙学语时，就要注意语言用词的规范性和准确性，这不但能起到一个语言标准的示范性，还能给孩子一个良好的人文环境。

当然，孩子的语言总是充满了奇思妙想，大人们应该尽力给孩子一个宽松自由的环境，让孩子们身心放松，这一点尤为重要。因为身心轻松的孩子对于语言的感受力更加敏锐，他们不仅在学习，同时还在发明创造。有些用词不当的现象随着他们年龄的增长、经验的积累和知识的丰富会逐渐消失，而在宽松自由环境中养成的语言大胆的表现力则会得到提高，这一切都跟孩子在语言敏感期是否得到足够的发展密切相关。

6 孩子是天生的艺术家

蕊蕊、思思和晴晴三个孩子头碰头挤在一张小桌子上，老师走近一看，原来三个女孩正在给《巴拉拉小魔仙》中的一个小魔仙涂色。孩子们一边专心致志地涂，一边还不断地在商量。她们有时回忆电视剧中小魔仙的服饰颜色，按照记忆涂，有时又争论着改换颜色，涂上她们所认为的更漂亮的颜色。虽然拿着画笔的小手还有些笨拙，涂色有时难免涂到外头来，但很快，一个头饰美丽、长裙绚烂的小魔仙就出现在了画纸上。

涂好颜色之后，三个女孩看起来对自己的作品很满意。她们凑在一起，叽叽喳喳地说了半天。突然，思思皱着眉头说："不对，小魔仙的衣服是亮晶晶的，一闪一闪的。"

可是到哪里找一闪一闪亮晶晶的涂料呢？三个女孩犯了愁。她们在教室里转来转去找了半天。可还是没找到。突然，蕊蕊叫起来："我妈妈有亮晶晶的指甲油，是银色的，里面还有一闪一闪的银色粉末！"

"太好了！"另外两个女孩拍手叫道。她们嘱咐蕊蕊第二天把妈妈的指甲油带到幼儿园里来。果然，涂上一层银色带闪粉的指甲油后，小魔仙的长裙立刻变得银光闪闪，看起来和电视剧里的效果不相上下。

但孩子们还是不满意。她们围着自己的作品又讨论了半天，最后决定要给小魔仙的头饰装上珍珠。可到哪里去找珍珠呢？没关系，这也难不倒她们，很快她们就找到了“珍珠”——竟然是胶水。

她们把胶水一个点一个点地粘在小魔仙的头发上，然后拿到太阳底下去晒。等胶水凝固变干后，就变成了闪闪发亮的珍珠。这下，小魔仙真的全身都“闪闪发光”了。

小魔仙算是完工了，孩子们又给她的背景进行了润色。她们非常聪明，从美工书上剪下一些花啊、草啊、蝴蝶啊、小鸟之类的贴在画纸上，这样，一副生动而独特的美丽画卷就完成了。

这一过程，老师一直在旁边看着，没有给过任何指导意见。但是，她深深地为这三个孩子的奇思妙想所折服，在她的眼里，这三个孩子就是世界上最伟大的艺术家。

艺术家所创作的艺术作品之所以受到世人的追捧，就是因为它们体现了艺术家们杰出的技艺和奇妙的构想。孩子们在创作时，也会不断涌现出奇思妙想，而这正是孩子富有创造力最有力的证明。

一般孩子在3～4岁时进入对色彩的敏感期，他们喜欢艳丽的色彩，并且对色彩有着天生的敏感。如果你看这一时期孩子的涂色，就会惊喜地发现即便是十数种颜色混杂在一起，画面依然是那么和谐、美丽，充满了灵性。虽然他们涂色经常涂到外面去，但是通过不断的练习，他们手指和手腕的灵活度会不断地增强，对细节的处理也会越来越好。

两岁以后孩子的艺术创作大多体现在涂色、剪贴和绘画上。从最初单调的色彩到各种颜料的和谐搭配，从最简单的线条性剪纸到可以熟练剪下画报上的图片，从最初的乱涂乱画到惟妙惟肖的生动画面，所有的过程中都充满了孩子的奇思妙想和发明创造。这是一个值得孩子与家长共同经历的过程，小小艺术家就是这样产生的。

Part 12

行为发展叛逆期：以平和心面对你的叛逆孩子

3～6岁是孩子经历的第一个“叛逆期”，父母在这时常常不知所措。其实，叛逆是孩子内心产生“自我”概念的一种表现。这种“叛逆”心理和表现是孩子独立人格形成和自我意识成长的重要标志。家长只有读懂孩子的叛逆行为，了解孩子的叛逆原因，才能帮助孩子顺利成长为他自己最好的模样。

1 不要剥夺孩子说“不”的权利

最近，妈妈很头疼，因为童童突然多了一句口头禅：“我不！我就不！”

出门了，妈妈让童童穿上外套，童童直摇头，大人帮他穿上，他自己脱下，扔在地上：“我不穿！我就是不要穿！”

吃饭时间到了，妈妈让童童过来吃饭，童童眼睛盯着动画片，一动也不动。妈妈叫了好几遍，童童不耐烦地大声说：“我不要吃饭！就是不吃！”妈妈很生气，走过去直接关掉电视，童童就躺在地上打滚，又哭又闹。

洗手间里，童童在尿尿，爸爸说了一句：“别尿到外面来。”童童一听反而更来劲了，不但故意尿到地上、垃圾筐里，还用力尿到墙上。气得爸爸抡起大巴掌，狠狠拍在童童屁股上，童童号啕大哭。

爸爸妈妈带童童到阿姨家做客，让他叫人，他装作没听见，一转脸走到一边去了。阿姨家有一个小妹妹，妈妈让他带着妹妹一起玩，可他专心致志玩着妹妹的玩具，理也不理妹妹。妹妹走过来要和他一起玩，他把玩具藏在身后：“不给你！就是不给你！”妹妹哭起来，爸爸妈妈很尴尬，匆匆忙忙带着童童离开。走在路上，妈妈恨恨地说：“下次再也不带你出来玩了！”童童一听，索性不走了，赖在地上大哭：“不行！我就是要到阿姨家去玩！”

“这孩子！怎么净跟大人作对！”妈妈无奈地直叹气。

孩子突然变得喜欢跟大人作对，让他往东，他偏要往西；让他做一件事，他偏偏不肯做；而不让他做的事，三令五申禁止，他还是一定要做……当孩子出现这些令大人头疼的行为时，就标志着孩子生命中的第一个叛逆期到来了。

根据心理学家的研究，每个人在一生中都要经历三个叛逆期。第一个叛逆期大约在2～5岁，当然每个人发展不同，叛逆期出现的时间也有早有晚。当家长知道了这是生命过程中的必经阶段，那就不会如此紧张。其实，所谓的“叛逆期”，只是大人们一厢情愿的说法而已，对于孩子来说，这只是他们成长的一个标志。喜欢说“不”，标志着他们人生中第一个自我意识的敏感期到来了。

这个敏感期对于孩子来说至关重要，因为这是形成“自我”概念的第一个时期。大人不要强行命令孩子一切听从，要知道，这个过程一旦被打断，对孩子来说，不仅是一个痛苦的体验，也是一个无法弥补的损失。因为你剥夺了他说“不”的权利，孩子长大之后或许就会成为一个没有自我、不敢主动争取的人。因此，耐心地倾听孩子的意见，了解孩子说“不”背后隐藏的原因才是最重要的。

2 如果你的孩子是个大话王

今天幼儿园上课的内容是讲小动物，大家七嘴八舌地讲起自家养的宠物。灵灵家养了可爱的小白兔，皮皮家养了调皮的小松鼠，小云家养了慢吞吞的小乌龟，球球家养了可怕的蜥蜴……突然，坐在角落里一直没吭声的静静大声说："这些有什么了不起的啊？我家养了只大老虎！"

"老虎？"小朋友们一听，全都围过来了。小朋友们半信半疑："骗人的吧？谁家会养老虎啊？"

"对啊！老虎可是会吃人的。"小朋友一开始根本就不相信。可静静非常肯定地大声说："我才没骗人！大老虎是我爸爸从迪拜带回来的，是他的一个朋友送给他的。它就像一只大猫咪，可温和了，从来不咬人。"说着，静静转过头问老师："老师，迪拜有人养老虎做宠物，对不对？"

老师自然不相信静静家养了一只大老虎，但是迪拜有土豪养老虎做宠物，这个事情老师看过新闻，所以她不好否认，只有点点头。于是静静非常骄傲地大声说："这下你们相信了吧？"

小朋友们瞬间被征服，对静静的崇拜简直无以复加，纷纷围着静静问东问西，有的小朋友甚至讨好地送上小玩具、小零食，只为让静静答应带他们回家看一眼大老虎。静静骄傲得像一个公主，可老师知道，她家根本不可能养什么老虎。

放学后，老师悄悄把这个情况告诉了妈妈，妈妈哭笑不得。她说可能是她跟爸爸在谈论迪拜土豪养狮子、老虎的新闻时被静静听到了，所以静静才杜撰了这么一个谎言。妈妈答应回去后一定好好教育静静，决不让孩子做一个“大话王”。

在大人们的心目中，“诚实”是作为一个好孩子所必须拥有的良好品质。因此一旦发现孩子撒谎，家长们便怒不可遏，如临大敌。其实对于3～6岁的孩子来说，“谎言”要分清性质，不能一概用品德问题来扣大帽子。

孩子在6岁之前尚未能拥有完整的道德观，因此他们对“真”和“假”、“实话”与“谎言”也并没有清楚的概念。他们只是凭着自己的感觉说话，只要能让自己开心的、能逃避惩罚和责备的，那就是“对的”“好的”。

所以，当孩子经常说大话时，父母不要因担忧而用严厉的语气或让孩子自尊心受伤的语气来批评、制止孩子的坏毛病。要用孩子容易接受的方式来教育孩子。生活中我们可以这么做。

首先，不着急，清楚了解孩子说大话的目的。

当孩子说大话时，作为家长或者大人，首先要了解的是孩子这么说到底要干什么。只有在了解孩子“说大话”的出发点和目的后才有可能教育得当。

孩子说谎话的原因主要可以分为以下三种：

一是自我保护或者逃避责任。敏感期的孩子对于大人的情感和情绪反应十分敏锐，他们在内心希望获得更多来自大人的赞赏和爱抚，而不愿意接受责罚。因此，当他们做错事，或者没有达到大人的期望时，就会编造谎言，希望大人能相信并“放过”他们。

二是由于孩子丰富的想象力。在孩子的世界中，常常会把现实和幻想混淆起来。这个年龄段的孩子有着天马行空的想象力，愿望的强烈、经验的缺乏以及记忆的不准确，都会导致孩子把自己的想象当成现实。这时，孩子

"说谎"只是把他们心中真实的情景描述出来而已，和品行毫无关系。

三是为了获取他人的注意。当孩子为了获取大人或者周围人注意的时候，也会说一些"大话"来引起他人的关注。3~6岁的孩子随着年龄的增长，表现欲的敏感期也出现了。尤其是有了集体生活之后，为了"突出"自己或者取悦大人，孩子往往会说一些与现实不符的"大话"，这也常常被大人理解为"撒谎"。

分清了孩子"说谎"的类型，父母在教育孩子的过程中就能做到有的放矢。不要对孩子期许过高，让他们有太大的压力；不要太在意低龄孩子的谎言，要帮助他们弄清现实和想象的区别，这是一个循序渐进的过程。不要随意给孩子"贴标签"，孩子一旦背上"撒谎""大话王"的包袱，他们的心灵就会蒙上一层阴影，这个标签也只会起到强化作用，让他们认为自己就是一个"大话王"，其影响甚至可能长达一生。当然，随着孩子年龄的增长，大人要逐步帮助孩子树立起诚实、守信的道德观，让他们成为一个正直的人。

其次，教育孩子时不要冲动、要有耐心。

一些家长看到孩子"吹牛"了，有时难免会很愤怒，情急之下就不分青红皂白地对孩子吼叫。孩子受到这种突然的高压，心理上无法接受，因而管教的效果也并不如人意，甚至还会激起孩子的对抗心理。当孩子出现这种情况时，父母要冷静，要有足够的耐心。只有这样，才能辨明孩子说大话的原因，并进而用针对性的方法去教育。

再次，切忌用歧视或轻视的语气来批评孩子。

有些父母知道，对孩子大吼大叫，严厉批评不可取，就不自觉地用调侃的语气跟孩子说话。比如，"你这孩子，长本事了哈，老天第一，你第二啊"，"又来了，又来了，还是这一套吧"……这种带有不屑和鄙视的语气会让孩子心灵受到伤害，他们会认为，"爸爸妈妈不喜欢我""爸爸妈妈觉得我很差劲"，长此以往，会让孩子自信心受到严重打击，孩子会慢慢地变得内向，也不敢再在父母面前袒露他的心声了。

另外，多带孩子出去，让他“开眼”。

孩子富于幻想，想象力天马行空。但由于年龄小，生活经验少，认知能力不强，经常将现实、想象和愿望混淆起来，说出一些“大话”。这与孩子的年龄、心理特点有一定的关系。多让孩子阅读，经常带孩子出去实地学习，了解事物的本质特点。当孩子的认知丰富后，即便孩子的想象力再天马行空，说出的话也不会不着边际。

3 怀柔政策引导孩子文明用语

妈妈带桐桐到笑笑家玩，桐桐四岁，笑笑五岁。两个孩子在房间里玩玩具，两个妈妈则坐在客厅沙发上聊天。

突然，桐桐哭着从房间里跑出来，拉着妈妈的手往外拽：“妈妈，我要回家！”

“怎么了，桐桐？”妈妈擦着桐桐的眼泪问。

“笑笑骂人！他骂我是小臭屁孩！还说我是臭屁股，要把我扔给老虎吃掉。妈妈，我不要做臭屁股，又臭又脏！我也不要被老虎吃掉，我要回家！”桐桐哭得更伤心了。

笑笑妈妈很尴尬，她一边哄着桐桐，一边大声叫：“笑笑，快点出来！给桐桐道歉！”

笑笑跑出来了，看见桐桐哭，他似乎特别兴奋。像火上浇油一般，倚在门框上“咯咯”地笑，一边笑一边冲桐桐做鬼脸：“小臭屁孩！小臭屁孩！你就是小臭屁孩！”他还做出张牙舞爪的样子，吓唬桐桐：“再哭！再哭，大老虎就要来吃你啦！”笑笑妈气得伸手要打他，他一转身跑回房间，“砰”的一声用力把房门关上了。

桐桐一边哭，一边往妈妈怀里躲，坚决要回家。桐桐妈没办法，只有抱起桐桐告辞。笑笑妈一边不好意思地道歉，一边气冲冲地说："这孩子，最近不知怎么学会骂人了，待会儿一定好好收拾他！"

笑笑妈会如何"收拾"笑笑，我们不得而知。但孩子有一段时间突然喜欢骂人、说脏话，想必很多父母都曾经历过。有的家长很生气，他们担心这样的孩子带出去会被别人认为"没有家教"，是一件很丢人的事。于是为了让孩子改掉这个毛病，很多家长甚至采用打、骂等过激的手段。但专家却建议，遇到孩子的这种情况，最好的办法是"装聋作哑"，假装没听到。这是有一定科学道理的，因为此时的孩子正处于诅咒的敏感期。

"诅咒"！家长一听到这个词必定会大惊失色，马上会联想到恶毒、巫术、邪恶等词语，如水晶般透明的孩子怎么会与之产生联系呢？其实父母不必太紧张，自古以来，"诅咒"一直存在于人们的生活中。不但在科学不发达的古代，人们相信咒语的力量，就是在现代生活中，人们也常常会冒出一两句。比如，连续的阴雨天气给人们带来不便，大家会说："这该死的老天！"而我们的孩子只是正在重复人类这一原始的活动，他们并不知道这些是所谓的"脏话"，而只是迷恋这些语言带给他们的"强有力"的感觉。

显而易见，当孩子骂人时，被骂的一方常常会愤怒、伤心或者不知所措，而这种情绪被细腻的孩子捕捉到后，就产生了对语言力量的惊奇和崇拜。为了掌握这种力量，孩子常常会反复使用这些语言，但是他们并不会意识到这些语言会对他人造成伤害。因此，当大人听到孩子嘴里的“脏话”时，可以不作回应，脸上也尽量做到面无表情，这样就不会强化孩子对此类语言的使用。一段时间之后，你就会发现，这类语言从孩子嘴中慢慢消失了。

当然，当孩子骂人、说脏话给别人带来困扰和伤害时，家长也要温和而坚决地制止，并在过后寻找恰当的时机跟他慢慢讲道理。告诉他这种行为不受欢迎，小朋友也会因此不喜欢他，躲着他，没有人和他玩，就会变得很孤独。绝不能采用暴力的手段，如果他在打人或骂人的时候，家长同样用打骂来教育孩子的话，反而会加深他对这种行为的印象，结果适得其反。

4 尊重孩子世界的秩序

一段时间以来，妈妈发现雪儿有一个“怪癖”：不管做什么事情，只要不合她的意，都立刻要求重新来一遍，否则就不依不饶、大哭大闹，令大人很是头疼。

比如，昨天有朋友到家里玩，门铃一响，雪儿和爸爸一起跑去开门，爸爸先开了门，雪儿便不乐意了，一定要重新开一遍。于是朋友们再退出去，再按一次门铃，雪儿自己把门打开。原本以为这样就行了，可是她好像一直很不高兴，小嘴嘟了半天，终于哭出声来：“不行！我要雪儿刚才开门！”原来她要回到第一次开门的时间，要第一次开门的不是爸爸，而是她。可时光怎么可能倒流呢？妈妈觉得雪儿简直是无理取闹。

朋友走了以后，妈妈给雪儿洗澡，让爸爸挂毛巾。可雪儿洗完澡出来后，一看自己粉红色的小毛巾不是挂在之前一直挂的小钩子上，而是和爸爸妈妈的毛巾挂在一起，于是大发脾气。一定要把所有的毛巾全都扔在地上，用脚踩一遍，只因为爸爸解释说：“这些都是脏毛巾，明天要洗的。”踩完了之后，还必须由她把毛巾全部挂回原处，否则就不睡觉。妈妈很恼火，本来想揍几下小屁股，可看见雪儿哭哭啼啼、一脸苦恼的样子，也就算了。

可今天早上，妈妈是真发怒了。到了幼儿园门口，雪儿正要开开心心地走进校门，妈妈突然大声打了个喷嚏，雪儿立刻不愿意进校门了。她哭着缠着妈妈，一定要妈妈把刚才打的喷嚏“收回去”。打出的喷嚏怎么可能收得回来？妈妈解释了半天，一点儿用都没有。雪儿又要求重新回家，然后再出发，把刚刚来的路再走一遍。妈妈看看手表，上班马上快迟到了，决定不理睬雪儿。于是她抱起雪儿，一直送到教室里，直接交给老师，然后头也不回地就走了，留下雪儿在身后号啕大哭。

要求“重新再来一遍”，这的确是孩子在某一阶段经常出现的奇怪行为。如果无法达到他们的要求，他们就会表现出痛苦或烦躁的情绪，发脾气或者大哭。那么这样奇怪的行为到底是什么引起的呢？

这绝不仅仅是用“叛逆期”三个字就能解释的，而是因为孩子的秩序敏感期被打乱、被破坏而造成的。孙瑞雪老师将儿童的秩序敏感期分为三个阶段：一是如果有人破坏了秩序，孩子就会哭闹不休，而这时假如秩序被恢复了，孩子也就平静了；二是孩子开始有了“自我”的意识，试着用自己的力量去维护秩序，孩子在这一阶段经常说“不”，就是他们维护秩序的一种方式；三是孩子的执拗期，在这一时期，一旦秩序被破坏，孩子就会固执地要求重新来一遍。因此，当大人听到这个年龄阶段的孩子要求“重新再来一遍”时，千万不要认为他们是在捣乱，要耐心地听他们诉说，多给他们一点时间，让他们“重新再来一遍”。

当然，对于无法挽回的过去，大人要慢慢教孩子学会接受。假如他们暂时还不能理解，那么就请允许他们哭泣吧，把心中的苦恼和不满哭出来，孩子们自己就会接纳已经发生的事实。

5 不要打扰他，让孩子平稳度过模仿期

亮亮是个聪明可爱的孩子，尤其是学东西，速度特别快，几乎是一学就会。这本来是件令人自豪的事，可是妈妈却很烦恼。

前天，爸爸妈妈带亮亮去公园玩，看见一个腿脚不太灵便的残疾人，走路一瘸一拐的。亮亮在后面看见了，也跟着学。爸爸妈妈还没来得及制止，残疾人一回头看见了亮亮，脸上露出恼怒的神情。妈妈忙拉住亮亮，不好意思地向残疾人道歉，说："孩子不懂事，请您多原谅。"没想到亮亮笑嘻嘻地看着残疾人，突然小脸一板，也露出恼怒的神情。残疾人看出亮亮是在学他脸上的表情，更加生气，"哼"了一声，转身就走。弄得爸爸妈妈尴尬极了。

老师也向妈妈告状，说亮亮在幼儿园总喜欢捣蛋。其他小朋友说要上厕所，他也跟着说："我要上厕所。"可是却坐在凳子上一动不动。再问他究竟要不要上厕所，他却说："不要。"老师在课堂上提问小朋友问题，他也跟着学老师的话；如果有小朋友回答问题，他也跟着回答，重复和小朋友一模一样的话。课堂常常就会变得一片混乱，因为小朋友们觉得这很好玩，纷纷跟着学话，弄得老师很生气。

妈妈回来也教育了几次，可是效果不大。最令妈妈担忧的是，乡下有个表哥是结巴，亮亮只去了一趟乡下，回来就变成了结巴，说话也不利索了。

比如，要喝水，他说："妈……妈……妈，我要喝……喝……喝水。"要上厕所，他说："爸……爸……爸，我……我要……上……上厕所。"妈妈紧张极了，生怕亮亮今后变成结巴，甚至产生了要到医院治疗的念头。爸爸说她小题大做，过段时间可能就好了。可是亮亮这么喜欢学人说话、做事，可怎么办呢？

美国儿童心理学家杰罗姆·凯根曾经说过："对于儿童，模仿可以是一种获得快乐、力量、财富或者其他渴望实现之目标的自我意识的尝试。"孩子的模仿敏感期持续时间很长，因为不光是孩子，对于成人来说，模仿也一定是学习的第一步。所以当大人们看到孩子津津有味地模仿别人说话、走路、做事时，大可不必紧张，而应该感到高兴，这是孩子们正在尝试学习。

孩子的模仿一开始只是单纯的模仿，比如牙牙学语、学走路、学用手。3岁后，孩子的模仿就到达了系列模仿的高度，即他们可以根据自己的需要，将所模仿的行为、语言组合起来，以达到令自己满意的效果。无论对于哪一种行为的模仿，最长一般不会超过半年，当孩子熟练地掌握了这一技能之后，他们就从模仿上升到了更高的层面——创造。

所以，模仿是孩子成长必经的过程，这一过程在大人的眼里似乎是毫无意义的，因此常常打断他们，甚至认为他们在捣乱而训斥他们。其实，我们只要给他们多一点点耐心，多一点点时间，让他们平稳度过这一时期就好了。当然，当孩子模仿不良行为或者给他人造成伤害时，还是要尽量制止。制止时一定要态度温和，行为坚定，让孩子明白哪些可以模仿，哪些不能去做。最直接有效的办法就是将孩子带离那个对象，没有了模仿的环境，孩子自然也就无从模仿了。

6 让孩子自己选择

雯雯今年3岁，刚进入人生的第一个叛逆期。和所有叛逆期的孩子一样，雯雯变得不听话，喜欢和大人对着干。尤其是当她倔强起来，简直九头牛都拉不回来，说什么都不管用，妈妈简直束手无策。

这不，雯雯又发脾气了。妈妈带雯雯出去玩，本来说好爸爸来接就走，可是爸爸已经到了商场门口，雯雯还是不愿意离开“淘气城堡”，任妈妈怎么劝说都没有用。妈妈很生气，也有些泄气，想了想，对雯雯说：“那好吧，现在你自己选择，要么现在跟妈妈走，坐爸爸的车回家；要么你自己在这里玩，过一个小时妈妈再来接你。现在妈妈要回家吃饭了。”雯雯想了想，恋恋不舍地扔下玩具，说：“我还是跟你回去吧，我可不想一个人在这里。”妈妈惊喜地发现，原来让雯雯做“选择题”，比单纯的劝说、责骂效果要好得多。

之后，妈妈又试过很多次，都有很好的效果。比如，她想让雯雯收拾玩具，但雯雯还想再玩一会儿，妈妈没有像以前一样强硬地命令，而是对雯雯说：“你是愿意现在就收拾玩具呢？还是十分钟之后再收拾？你自己决定吧。”雯雯很愉快地选择了后者，十分钟过后，当妈妈再次叫雯雯收拾玩具时，雯雯显得一点也不抗拒。

还有一次，雯雯突然不想去上舞蹈课了。要是在以前，妈妈肯定很着急，但这一次，她却不慌不忙地对雯雯说：“妈妈学费已经交了，你要是不去上舞蹈课的话，那么我们就换一门课程吧——跆拳道。你是喜欢上舞蹈课呢？还是想去上跆拳道？雯雯自己决定吧。”跆拳道是雯雯一点儿也不熟悉的，再说小女孩哪里会喜欢拳打脚踢的东西，雯雯自然选择了继续上舞蹈课，乖乖地拎着舞鞋跟妈妈出发了。

就这样，每当雯雯执拗、不听话的时候，妈妈总会想方设法找出几个选择让雯雯自己做决定。雯雯并不抗拒，而且能够自己决定自己的事，看起来雯雯还很享受这个过程呢！

都说叛逆期的孩子难教育，尤其是第一个叛逆期。孩子太小，有时候讲道理也讲不通，打骂的手段更是不可取，怎么办呢？雯雯妈妈的做法就很聪明——让孩子做选择题。

孩子叛逆期的出现大多因为孩子有了自我的意识，有了想自己做决定的愿望。而家长们常常希望他们遵照大人的意思行事，所以孩子才会反抗，才会不断地说“不”。与其和孩子正面冲突，强迫他们接受大人的意愿，不如耍个小小的“心眼”，让孩子自己选择。所谓“心眼”，就是尽量把我们想让他们遵从的想法隐藏得更巧妙一些，并且让他们听起来更有利一些，这样孩子的反抗情绪就能轻松化解，孩子也愿意遵从我们的意思，并且是不知不觉的。

或许你会认为这很“狡猾”，但是对于叛逆期的孩子来说很管用。因为让孩子选择，他们会感觉受到了尊重，有了自主权，他们自己可以做出决定，而不是一味顺从大人的安排。这对自主意识敏感期的孩子来说，是一个相当重要的体验。

Part 13

心理断乳期：故事和游戏是孩子最好的陪伴

每个孩子都要经历心理断乳期，在此期间如果对孩子教育、引导得不好，就会影响孩子的一生。在每个人的童年中，有两样东西是不可或缺的：一是故事，二是游戏。作为父母，应该每天都抽出点时间来，给孩子讲讲故事，陪孩子玩玩游戏，享受和孩子一起成长的过程，给孩子最好的陪伴。

1 让故事陪伴孩子入眠

妈妈去接翔翔的时候，和老师闲聊几句。当听到老师说翔翔语言表达能力跟同龄孩子相比有些欠缺时，妈妈不由得跟老师抱怨：“不都说孩子喜欢听故事吗？为什么翔翔就不行？别说让他讲故事，连安安静静听一会儿都做不到，几分钟就跑开了。”

“你是怎么让孩子听故事的呢？”老师问。

“故事机啊，早教机啊，还有会发声的故事书。都是一开始新鲜，我看他也就是对这些器具感兴趣，时间长了，让他坐在那里听故事，三分钟都坐不住。”

“下次你试试自己给孩子讲故事。”老师委婉地建议。

“我自己讲哪有专家讲的好啊？”妈妈有些不以为然。老师说：“用故事机或者早教机听故事，孩子面对的是冷冰冰的机器，缺乏互动，时间一长，难免会坐不住。再说孩子的注意力维持时间有限，和大人一起互动，才能不断地吸引他的注意力。”

听了老师的话，妈妈决定试一试。

晚上临睡前，妈妈拿了一本书对翔翔说：“今天妈妈给你讲故事，好不好？”

“好啊！好啊！”翔翔拍着小手，一下子蹦到床上：“妈妈你今天给我讲什么？”

“妈妈讲《三只小猪》的故事，好不好？”

“太棒了！”翔翔很快安静下来，认真地听妈妈讲故事。

妈妈一边讲，一边问翔翔一些和故事情节相关的问题，比如大灰狼为什么能一口气吹翻猪大的稻草房子；为什么大灰狼一下子能推倒猪二的木头房子；为什么大灰狼怎么也打不破猪三的石头房子？翔翔一边听，一边回答，还不时冒出几句精彩的评论。故事讲完了，翔翔还意犹未尽，妈妈趁机说：“我们来想想看，接下来会发生什么，好不好？”

“猪大和猪二知错就改，以后也盖了石头房子。”翔翔不假思索地回答。

“嗬！翔翔竟然会用成语了！”妈妈用力地拥抱了翔翔，并竖起了大拇指。

“我早就会啦，只不过我不说！”翔翔有些得意地说。

通过这次“实践”，妈妈发现，亲自给孩子讲故事与让孩子听故事机、听磁带是有很大不同的。从那以后，不管多忙，她每天都抽出时间给孩子讲故事，一边讲，一边和孩子互动。翔翔很喜欢和妈妈一起讲故事的时光，渐渐地，妈妈发现，不但孩子跟自己的感情更加亲密，翔翔的语言表达能力也大大提高了。

没有哪一个孩子不喜欢听故事，更没有哪个孩子不渴望父母的陪伴。父母亲自给孩子讲故事，比让孩子通过机器听故事强千百倍。不仅仅是翔翔妈妈，每一位喜欢与孩子亲子阅读的家长都会有这样的体会。

然而，我们有些父母总是借口工作太忙，或者认为自己普通话不行，或者觉得专家讲故事更加具有权威，于是便给孩子买来一大堆磁带、故事机、早教机等，让孩子听故事。这样的过程往往会变成纯粹的学习过程，没有互动，孩子容易厌倦，更容易走神。

听故事除了能让孩子增长知识、学习道理，更能培养孩子的语言表达能力。但研究发现，单纯地听却不开口的孩子，比起那些听故事时经常与大人互动的孩子，在语言表达能力上还是有很大差距。因此，父母应尽量抽时间，每天都和孩子进行一段亲子阅读，在阅读的过程中和孩子交流，鼓励孩子发表自己的意见，这对提高孩子的表达能力、思维能力都有很大的帮助。此外，亲子阅读还能增进父母与孩子间的感情，这是任何昂贵、先进的机器都无法比拟的。

2 编故事，培养孩子的表达力

圆圆上小学了，老师发现孩子的语言表达能力十分强，比起同龄的孩子不知好了多少。而且还认识很多字，别的小朋友都要等着老师念故事，而圆圆下课了就捧着教室后面书架上的书在看。老师一开始以为她只是在看图，后来才发现她就是在阅读文字。再后来，一下课就有很多小朋友围在她身边，央求她给他们念故事。老师心中暗暗称奇。不过更大的惊喜还在后头，有一次学校组织了低年级小朋友“看图说话”比赛，圆圆看完图之后，当场编了一个很长的故事，人物、情节、语言组织都十分出色。评委老师都说一年级的小朋友在这么短的时间内能编出这样一个故事，真是不简单，语文水平简直赶上高年级孩子了。

为了和其他家长分享圆圆的成功经验，老师邀请了圆圆妈妈在家长会上发言。圆圆妈妈和家长们分享了几点经验：

一是从小给孩子读故事。从圆圆1岁起，妈妈就坚持每天给圆圆读故事。有些故事圆圆已经听了很多遍了，但只要孩子要求，妈妈总是不厌其烦地一遍遍读，哪怕圆圆自己都能倒背如流了，妈妈也从不拒绝孩子要求读书的请求。

二是在阅读过程中坚持用手指着文字读。孩子随着妈妈手指的移动，通过反复地阅读，渐渐记住了很多汉字，这是一个长期积累的过程，而不是仅凭几幅识字挂图就能达到的效果。

第三点妈妈最觉得骄傲：当圆圆大一些后，妈妈开始鼓励她讲故事。每次讲完一个故事，妈妈都会和圆圆玩一个游戏——续编结尾。她鼓励孩子根据故事情节和人物特点，充分发挥自己的想象力，将故事续编下去。一开始圆圆只能结结巴巴地讲上几句，妈妈每次都不吝于给她鼓励和赞美。随着阅读量的积累，圆圆的表达能力不断增强，圆圆"续貂"的能力也越来越强，有的时候竟然能讲半个小时，甚至已经完全脱离之前的故事，成为一个新的故事。妈妈笑着说，很多故事她都记录下来了，这是孩子成长最好的见证。

听完圆圆妈妈的介绍，许多家长都恍然大悟：原来"神童"就是这样培养出来的啊！

这世上绝大多数的"神童"都不是天生，而是后天培养出来的。圆圆领先于大多数同龄孩子的语文素养及表达能力也是妈妈多年来精心培育的结果。

没有孩子不喜欢听故事。然而很多家长只停留在让孩子“听故事”这一层面上，却忽视了让孩子自己“讲故事”。语言的学习起初在于模仿，然后在于应用。当孩子的语言能力达到一定水平，就应该鼓励孩子多开口、多运用，续讲故事就是一个很好的方法。父母在给孩子讲故事的时候，不如多花点心思，故意在紧要关头或者在结尾处留一个悬念，然后鼓励孩子充分发挥自己的想象力，将故事继续下去。

一开始，孩子或许只能讲几句，甚至磕磕巴巴不完整。但无论孩子讲得怎样，大人都应该给孩子足够的鼓励和赞美，以增强孩子的自信。随着锻炼次数的增多，孩子续编故事的能力会越来越强，故事讲得越来越长，语言组织和表达能力也越来越好。你会发现，孩子小小的脑袋里藏着令人惊异的潜力，他们所编出的故事常常会令你赞叹不已。

复述、改编、续编故事，孩子的表达能力就是这样一步步提高的。

3 让孩子在故事里成长

“演戏啦！大家一起来演戏！”

曼曼站在沙发上叫，爸爸妈妈走过来，问：“今天演什么呀？”

“昨天妈妈给我讲《狼和七只小羊》，今天我们就来演这个。”

曼曼当然是小羊，妈妈是羊妈妈，爸爸则当仁不让地做了凶恶的大灰狼。连站在一旁看热闹的爷爷这次也被派了角色——一个胆小怕事、善恶不分的磨坊主。

演出开始了，大家都很投入。爸爸把床单披在身上，扮演的大灰狼凶相十足，粗粗的嗓音、恶狠狠的模样；妈妈扮演的羊妈妈是本色演出，慈祥、善良、温柔；最搞笑的是曼曼，既然故事叫作《狼和七只小羊》，那么故事里就有七只小羊，于是曼曼一人分演七个角色，忙得不亦乐乎。当“大灰狼”闯入家门时，曼曼装作被吓坏的样子，到处乱跑，一会儿躲在柜子里，一会儿跑进厨房，一会儿把脸盆扣在头上……妈妈惊讶地发现，曼曼把七只小羊的藏身地点全都演出来了，一点都没遗忘。

演出结束了，曼曼对爸爸的扮演大加肯定，对爷爷的表现则表示了不满意。她对爷爷说：“爷爷，你要记住，你演的是个胆小如鼠的磨坊主，所以当大灰狼威胁你的时候，你应该装出很害怕的样子，把脖子缩起来，说：‘大王饶命啊！'而不是笑嘻嘻的模样。"爷爷连连点头称是。

一遍演出结束了，可曼曼还是意犹未尽。她决定亲自扮演大灰狼，让爸爸做羊妈妈，妈妈做七只小羊，爷爷还是做磨坊主。妈妈记不住七只小羊的藏身地点，曼曼就在一边耐心地指点。曼曼把灰太狼玩偶找出来，戴在头上，声音也像爸爸一样，粗粗的、凶恶的，一会儿又捏着嗓子假装是羊妈妈，演得可认真了。

这样的"演戏"经常在曼曼家上演，通常都是妈妈讲完童话故事，曼曼给大家分派任务，各人扮演不同角色。家中的大人很配合这样的"演戏"，他们一点儿也不觉得幼稚或好笑。曼曼后来在幼儿园表演的《狼和小山羊》还获得了一等奖呢！

孩子是天生的模仿者，这一点在故事角色扮演中可以得到最有力的佐证。如果说听故事只是给孩子铺开了情境的画卷，那么让孩子扮演故事角色，则是让孩子身临其境，进入到故事里去体会各个人物的心理活动和情感变化。由于孩子在扮演中能很快进入故事情节，因此对故事中人物的喜怒哀乐也就有了更深刻的了解，对故事中所蕴含的道理也能够有切身的体会和更深的理解。

除此之外，孩子在故事角色扮演中还能飞速提高语言表达能力。正处于语言发展敏感期的孩子对语言学习如饥似渴，而语言的能力的提高正是在不断模仿、反复应用、持续规范中得以实现的，故事角色扮演正是给孩子提供了这样一个机会。通常每一次扮演都会带来意外的惊喜，一些书面语言在故事扮演中孩子运用得非常好，而这正是日常生活中所缺乏的。因为在口语交际中孩子一般是得不到这样的锻炼机会的。

此外，3～6岁的孩子还有着强烈的表现欲望，因此故事表演对于孩子来说有着强烈的吸引力。无须大人过多引导，孩子就能很快投身其中。当然对于胆怯、内向的孩子，大人还是要多加鼓励。其实，每一个故事都是一场交际，孩子在这个过程中学会知识、懂得道理，也能够学会与人相处的技能。多进行故事表演，对培养孩子良好的个性也是十分有帮助的。

4 不要轻视游戏的教育意义

衡衡最喜欢做游戏，衡衡的父母也很喜欢陪他做游戏。因为他们发现，游戏不但是陪伴孩子成长的最好方式，也是培养孩子良好性格、全面发掘孩子多元潜能的最佳途径。

比如衡衡最喜欢玩的“开医院”游戏，需要爸爸妈妈以及其他家庭成员的加入。衡衡扮演“小医生”，拿着“急救箱”，戴着“小听筒”，煞有其事地为“病人们”诊断、医治。

“你肚子疼，是因为吃了不干净的东西。”衡衡严肃地对假装腹痛的“病人”——爸爸说。“你不能贪吃，要营养均衡，不可以喜欢的就拼命吃，不喜欢的就不吃，比如水果、蔬菜。还有，吃饭前要洗手，否则细菌就进入你的肚子啦！”爸爸连连点头称是。妈妈忍住笑，这些都是平常她教育衡衡的话，如今衡衡学得像模像样，说明他已经记住啦！

“你别笑，”衡衡一本正经地对一旁乐不可支的爷爷说，“你看你的牙齿那么黄，笑起来都不好看。是时候该戒烟啦，抽烟对你的肺可不好，你没看到图片上那些抽烟人的肺都是黑色的吗？再说，你就是不在家里抽烟，可是身上也带着烟味，这也是二手烟。二手烟对孩子的危害最大，你还想抱我吗？”爷爷连声检讨，答应从明天起开始戒烟。妈妈很开心，衡衡不但开始关注健康问题，还学会关心他人了。

有一次，妈妈故意插队，被衡衡“教育”了一通：“大家都是病人，每个人都生病了，你怎么能插队呢？要遵守纪律！”妈妈想，衡衡学会了遵守社会公德，这个教育效果可比单纯地说教要好得多了。

这只是其中的一个例子。妈妈发现，几乎每一种游戏都具有教育功能。只要用心陪伴孩子，游戏总能带给孩子与父母比快乐更多的意义。

游戏带给孩子的意义远远超过单纯的“玩耍”，父母假如能充分利用各种游戏，就能诱发孩子的潜能，寓教于乐，培养孩子良好的性格与品德。

没有孩子不喜欢游戏，对于喜欢的东西，他们总是充满了兴趣和主动性。因此，在游戏中，他们总是积极的、主动的，脑子在飞速运转，思维在快速发展。孩子从最简单的啃咬手指游戏开始，到复杂的航模、车模、拼图游戏等等，无论是手脚的运用，还是大脑的运转，都能促进孩子思维的发展。

任何游戏都是生活的缩影，比如衡衡喜欢的“当小医生”。当他在给“病人”看病时，那些教育性质的话是从医生或者父母那里学来的，而再次从他口中说出时，这些话就再一次起到了教育意义，而且效果要远远大于父母的说教。

父母参与游戏更加具有指导意义，只要不是一个人的游戏，就必定要涉及合作、交往，孩子通过游戏模拟社会交往，对于发展孩子的人际交往能力也是很有帮助的。

总之，游戏的重要作用是发展孩子的智能，培养孩子的优良品德，教会孩子掌握社会行为等等。假如在游戏中能多一些大人的参与，那么孩子的各项发展都会迅速得多。

5 在游戏里找勇气

彦彦四岁了，还不敢一个人睡觉。他怕黑，怕毛茸茸的小动物，还怕一个人待着。妈妈有些发愁，一个男孩子，这么胆小，以后怎么办？

这天，爸爸出差了，就剩妈妈和彦彦两个人在家。晚饭后，妈妈在赶稿子，彦彦看了会儿电视，又玩了一会儿，感到有些困了，就央求妈妈陪他睡觉。妈妈说自己还有很多工作没做完，让彦彦自己睡，彦彦怎么都不肯。妈妈不由地有些生气："你还像个小男子汉吗……"

"男子汉?!"这三个字像一道闪电在妈妈脑海中划过，她突然有了主意。

"彦彦，"妈妈拉过彦彦，和颜悦色地说，"你想做男子汉吗？像解放军叔叔一样的男子汉？"

"当然想啊！"彦彦回答，"可是，妈妈我还是想让你陪我睡觉。"

彦彦可一点儿都不傻，一下子就明白了妈妈的"伎俩"。妈妈没接他的话，继续说："那你知道为什么解放军叔叔都很勇敢、什么都不怕吗？"

彦彦摇摇头，妈妈说："那是因为解放军叔叔胆子大啊。"

"彦彦还小呢，彦彦的胆子小。"彦彦往妈妈身上靠，眼睛都快眯成一条缝了。妈妈轻声对他说："那妈妈借一个大的胆子给你好不好？妈妈也不怕黑，不怕一个人，就是因为妈妈胆子大。如果妈妈把大的胆子借给你，你也就不怕黑，不怕一个人睡觉了。”

“真的吗？”彦彦兴奋地问。

“当然啊！”妈妈用手在自己的肚子上比画了一下，好像捧着一个东西似的放进彦彦的肚子里，然后对彦彦说：“好了，妈妈的胆子借给你啦！现在我们去试试看，好不好？”

“好！”彦彦拉着妈妈的手走向卧室，妈妈给彦彦讲了一小段故事，彦彦的眼睛快闭上了，妈妈吻吻彦彦的额头，说：“妈妈走了哈，彦彦一个人睡觉，妈妈的大胆子陪着彦彦，彦彦什么都不害怕。”

彦彦听到这话，紧张地睁开眼睛看了看，妈妈微笑地看着他，他用小手按了按胸口，好像安心了一些。于是妈妈轻轻熄灯、关上房门。彦彦实在是太困了，一会儿就睡着了。

第二天早上，彦彦兴奋地问妈妈：“我昨天是不是一个人睡觉的？”

“是啊！”妈妈对他竖起大拇指：“彦彦真是个男子汉，长大后肯定什么都不怕，可勇敢了。”

“那妈妈，”彦彦用商量的口气问妈妈，“你的胆子能不能再借给我用一些天？等我长大了，胆子也长大了，我再还给你，好不好？”

“好啊！”妈妈很大方地说。

“谢谢妈妈！”彦彦扑上来亲了妈妈一口，“有了妈妈的大胆子陪伴，彦彦什么都不害怕啦！但是，妈妈，”彦彦有些担心地问，“你没有了胆子，会不会害怕？”不过他很快自己解决了这个问题：“没关系，妈妈，有我和爸爸两个男子汉保护你，你什么都不用怕啦！”

孩子胆小，尤其是男孩子过于胆小，总是令父母担忧。但是彦彦妈妈却用一个游戏改变了这种状况，实在是很聪明、很有趣的做法。

孩子在被紧张、生气、愤怒、害怕等不良情绪包围的时候，是很难听进道理的，假如大人用强硬的态度逼迫孩子就范，结果只能适得其反。这时，大人可以用游戏的方式巧妙地引开孩子的注意力，用令孩子感到愉悦的方式来解决这个问题。游戏带给孩子轻松的感受，孩子在不知不觉中就能接受父母的引导，接受父母的意见或建议。

每个人都正在遭受或曾经遭受过恐惧的困扰，无论大人，还是孩子。孩子在成长过程中，“恐惧”这位不速之客会常常降临，成为孩子成长路上的绊脚石。如何正视和认识它，如何应对和战胜它，不妨从游戏中找找答案，也许战胜恐惧的力量就蕴藏在其中。

6 游戏是学习的另一种形式

晴晴4岁半的时候开始对数字产生了兴趣，妈妈知道她的数字敏感期到来了，于是想趁这个阶段对晴晴进行数学方面的教育。

妈妈开始教晴晴算术，一开始，简单的10以内的加减法，晴晴可以掰着手指头算过来，所以还挺感兴趣。可是，算术毕竟枯燥，而且孩子对于数字其实并没有确切的概念，晴晴渐渐地便产生了厌倦。妈妈开始考虑换一种既有效、又能使孩子感兴趣的算术法。

妈妈是偶然找到这个方法的。有一次，妈妈带晴晴去买东西，两样东西分别是3元和5元，晴晴脱口而出："一共8元。"店主有些惊讶："哟！这么小的孩子竟然会算术了，真不简单哦！"妈妈递给店主10元钱，店主故意问晴晴："我找给妈妈1元，对不对？"晴晴认真地想了一会儿，大声说："不对！应该是2元！"

回家后，妈妈夸奖晴晴："今天多亏了晴晴啦，否则给店主多赚去1元哦！"晴晴很得意。不过她发现一个"秘密"："妈妈，我们买东西都要花钱，店主就不用花钱，想要什么就拿什么。"晴晴的语气中充满着羡慕，妈妈灵机一动："那晴晴也开个小卖部，爸爸妈妈当顾客，来买东西，好不好？"

晴晴对这个游戏极为感兴趣。她找来一些小东西，央求妈妈写上价格，然后一本正经地做起了“小店主”。爸爸和妈妈假扮顾客，他们很认真地浏览“商品”，挑选自己所需要的东西，然后故意给晴晴整钱，让晴晴找。晴晴每次都很认真地算，爸爸妈妈有时故意算错，也逃不过她的“火眼金睛”。晴晴很得意地说：“我可是精明的小店主，谁能骗得了我？”

随着晴晴算术能力的增强，妈妈把价格签上的价格也进行了调整，开始有角、分出现。晴晴一开始还有些抗拒这些复杂的运算，但是妈妈带她去超市和店铺看，告诉她商品有零头是正常现象，一个精明的“小店主”必须学会算这些账。就这样，晴晴的算术难度开始增加，但这是一个比较自然的过程，孩子没有太多的觉察，因此也没有抗拒。

一转眼到了上小学的年纪了，晴晴的算术水平早已远远超过了同龄孩子。妈妈笑言：“这都是开‘小店’开出来的结果。”

任何一项学习都源于生活，晴晴妈妈在生活中找到了一个教育孩子学习算术的好方法——开“小店”。

数学学习中有一项很重要的内容就是算术，到了孩子年龄再大一些，他们就会开始接触应用题，而“开小店”则是将这两者的内容结合到了一起。由于“小店”的事情都是日常生活中必定会遇到的，所以平时在孩子心目中枯燥的数字看起来也并不那么可怕了。而且孩子天生喜欢游戏，让他们做“店主”，爸爸妈妈当“顾客”，本身就是一个很有趣的游戏，孩子在玩耍时不知不觉就学会了算术了。

当然，爸爸妈妈在和孩子进行这个游戏的时候，千万不能强加给孩子这样一种意识：我们是为了学习算术才“开小店”的，否则孩子一旦察觉，就会对这个游戏失去兴趣，本能地产生抗拒。

另外，学习本身就是一个循序渐进的过程，不要让孩子一开始就做过难的算术。像晴晴的妈妈一样，由简到繁、由易到难，这才是学习数学的方法。

Part 14

共同成长期：和孩子一起成长，成为更好的自己

我们常说，父母是孩子的第一任老师。于是就在孩子面前摆起“老师”的尊严，却忽略了孩子身上那些值得我们学习的闪光点。如果我们能在百忙之中，静下心来平静地观察、注意我们的孩子，就会发现，孩子身上有那么多值得我们学习和钦佩的地方。

1 学学孩子的真实简单吧

小姑带男朋友到家里来吃饭，奇奇显得特别兴奋。他先是偷偷地躲在沙发后观察小姑的男朋友，熟悉一些后就跑出来问东问西。

“哥哥，你爱小姑吗？”奇奇突然问。

小姑的男朋友被问得一愣，笑了：“当然爱啊，要是不爱的话，我就不会和她到你们家来了。”

“那你们会结婚吗？”奇奇又问。

男孩看了小姑一眼，说：“应该会吧。”

“爱一个人不就是要和她结婚吗？怎么说‘应该会’呢？”看来奇奇对这个答案并不满意。

“小孩子家家，问那么多干吗？”小姑来帮男朋友解围了。可是奇奇却并不打算放过他，继续问：“爷爷爱奶奶，所以他们结婚了，有了爸爸；爸爸爱妈妈，所以他们结婚了，有了我；你爱小姑，你们不是也应该结婚吗？”

“结婚的话，以后会结的，还有很多事情要准备呢。”对于这个回答，奇奇表示满意。然后他紧接着问：“那你们会生孩子吗？”

小姑和男朋友都有些尴尬，他们互相看一眼，还不知道怎么回答，奇奇就自言自语地说：“我和我女朋友以后也会结婚的，也会有小宝宝。”

“哦，你的女朋友是谁啊？”小姑好奇地问。

“是我们班的杨伊丽。”

“那你爱她吗？”小姑故意打趣地问。

“当然爱啊！”奇奇大声回答。

“那你爱她什么呢？”

“她是我们班最漂亮的，还会给我好吃的，其他小朋友问她要她都不给，只给我吃。”

“咦，你以前不是说要跟妈妈结婚的吗？”爸爸走过听到，故意问。

奇奇看了他一眼，很不屑地说：“妈妈不是已经跟你结婚了吗？她已经生了我啦，就不能再生了，以后我要跟杨伊丽生小宝宝的。”说完就走开了。

孩子是真实简单的，心里怎么想嘴上就怎么说，不会像成人一样顾忌很多事情。就像奇奇很难懂大人的思维，他只是认为爱一个人就是要和她结婚，结婚是爱唯一的衡量标准。当然奇奇对爱的定义也非常简单。他认为：杨伊丽是他们班最漂亮的，还会给他好吃的，其他小朋友问她要她都不给，只给他吃。这就是爱。

孩子对世界充满好奇，对烦恼忽略不计，对生活容易满足，他们从来都不会分析利弊，不会计较得失，不会矫揉造作，他们把一切都看得简简单单。而我们成年人往往为了保护家人、朋友、利益，而去强迫自己做一些自己本不想做而不得不做的事情：比如情绪平衡，比如说话之前的考量，比如取悦别人等等。我们却总是把烦恼、忧伤放在心里，时间越久，越觉得压抑。

停下我们忙碌的脚步就会发现，在孩子身上，有那么多我们曾经拥有却失去的东西。孩子身上的真实简单、天真无邪都值得我们学习，告别那份成熟和城府，我们将会收获更多的快乐……

2 失败并不妨碍快乐

妈妈在吃完晚饭之后，被轩轩邀请一起比赛垒积木。轩轩兴致高涨，还没开始就喊说："我一定要码一个全世界最高最好看的城堡！"

妈妈听到之后不禁也跟着高兴起来，两个人都兴致勃勃地忙起来了。过了大概一刻钟，轩轩看着自己的作品即将完成，神情也激动起来。当轩轩把属于自己的积木垒完时，高高的积木却轰然倒塌，轩轩看到散落满地的积木大喊："我失败了！"神情却没有没有半点不快。

妈妈看到轩轩认真垒成的城堡变成一个个小小的积木块，不禁有些失落，也害怕轩轩失去热情，于是鼓励般的对轩轩说："轩轩加油，妈妈还没有垒完呢，轩轩继续！"

轩轩却完全没有当作一回事，哈哈大笑的说："没关系！"随后就蹲下来捡积木，开心地继续垒。

妈妈在一旁看到轩轩没有一丁点的丧气感，于是故意放慢了垒积木的速度，让轩轩赶上进度。

当妈妈对轩轩说："哇，轩轩怎么那么快啊，又追上妈妈垒的高度了。"轩轩更是很有成就感地说："轩轩好棒！"

不仅仅是垒积木这件事，还有平日里轩轩骑自行车或走路摔倒后，他都

会笑着爬起来，拍拍自己身上的灰土，对自己说一句没关系。

可能是因为孩子想法单纯，他们并不会在得失成败上斤斤计较，失败了就重新来是孩子最原始的想法。更多时候他们把任务当作游戏，把失败当作过程。积木塌了再垒起来，骑车摔了就爬起来，没什么大不了。

小孩子总能保持乐观，无论成败，就像轩轩。他辛辛苦苦码起来的城堡轰塌，他并没有一点丧气感，反而哈哈大笑，仿佛在他眼里，城堡倒塌也是一件很有意思的事情。他们可能没有失败的概念。这一切也不过是玩乐而已。

反观我们成年人，有几个可以在失败面前依然笑出声来的？每当我们遭遇挫折面临失败，我们最常见的姿态无非就是怨天尤人，哀声连连，一蹶不振。其实每个人都渴望五彩斑斓、鲜花璀璨的人生。但是，失败总是和成功相伴而生的。失败和挫折对于强者来说是垫脚石，是走向成功的奠基石。因为他们不畏惧挫折，直面失败，面对困难有无限的勇气。如此才能在不断的磨炼中，经历失败，进而成长，最终成功。有时候我们真应该学学孩子们，笑对挫折，笑对人生。

3 在孩子身上学勇敢

“你有没有觉得咱家萱萱现在变得特别勇敢？”

睡觉前，妈妈躺在床上问爸爸。爸爸想了想，说：“嗯，有点。比如今天早上买包子，她就自告奋勇要自己去，我虽然答应了，可还是不放心就偷偷尾随她，发现她小小的人，买起东西来竟然有模有样。”

“是呀，岂止一点点呢！”妈妈说，“我觉得她现在像个勇敢的小骑士呢。昨天晚上，你又不在家，公司临时通知要加班，我本来是不想去的，把她一个人放家里我始终是不放心，没想到，她知道以后反而劝我，让我去工作，说她自己一个人也不害怕。”

“那你去加班了吗？”爸爸笑着问。

“我眼看着她睡着，才匆匆忙忙去的公司，天快亮的时候就赶紧回家了。”

“咱们的女儿可真勇敢啊。”爸爸说。

“还有更让人惊喜的呢！”妈妈兴奋地说，“你都不知道，萱萱今天在幼儿园表现有多好。”

“怎么了？”爸爸吓了一跳，“快跟我讲讲，我们家萱萱是怎么得到幼儿园老师的表扬的呢？”

“一开始我也不相信，是老师告诉我的。她说幼儿园组织打流感疫苗，咱们家萱萱都没哭！”

“真的假的？”爸爸略带惊喜地问，“以前萱萱一看见小护士就小嘴一咧，还没开始打针，哭的气势就做得足足的，哈哈！”

“是呀，孩子变勇敢了，这正是咱们萱萱的成长和进步啊。”

“没想到孩子成了我们榜样，我们应该跟萱萱学习啊！”爸爸意味深长地说。

勇气是一个人在内心深处对自己的认识，是帮助自己更好地面对世界的一种精神力量。然而，孩子的勇气并非与生俱来，在很大程度上，需要父母的后天培养。孩子天生对探索未知世界充满了渴望，但是，有时他们又顾虑重重，不敢迈出第一步。这就需要父母在教育孩子时讲求一些策略，鼓励孩子让他们对自己充满自信和勇气，从而带着无畏的冒险精神去探寻生活未知的秘密。

不管是“无知者无畏”还是“初生牛犊不怕虎”，总之孩子通常比大人有勇气得多。他们会看也不看就跳过壕沟，也从不惧怕去做一些危险的事。而大人总是瞻前顾后、凡事掂量，一定要寻找所谓的最佳解决方案。可悲的是，很多时候就算你把事情掂量一百遍，最终你还是不得不跳过那道壕沟。

我们一直不成功，很多时候其实和他人无关，和运气无关，而是因为我们没有勇气去争取。机遇往往总是在一瞬间闪现，只有勇敢地伸出双手，把握住这一瞬间，成功的希望才会属于你。

其实，大部分的困难常常都只是存在于人的想象之中。在现实生活中，越是困难的事情，越需要无所畏惧的勇气去面对、去尝试、去解决。人生中的每一次困难都是对勇气的考验，甚至可以说是不可错过的成功机遇。如果缺少尝试的勇气，就没有任何成功的机会；如果大胆尝试，即使没有成功，也可以为以后的挑战积累一些经验。

4 长存一颗善良有爱的心

霄霄6岁半，上小学一年级，他经常说的一句话是："我长大了，妈妈让我来帮你！"像个十足的小男子汉。

大约从5岁起，妈妈就发现霄霄是个善良有爱的好孩子。

妈妈带霄霄去买菜，拎了两个袋子，才走了几步，妈妈就停下来嚷："哎呀，太重了，妈妈拎不动了。不如打电话让爸爸来帮忙吧，不过这样霄霄爱看的动画片可能就来不及了哦。"

"那怎么办？"霄霄犹豫了一下，说："我来试试吧。"他拎起其中一个袋子，松了一口气，高兴地说："妈妈，不重，我来帮你拎一个，这下你能拎动了吧？"妈妈拎起另一个袋子，掂了掂，点点头说："嗯，这下妈妈轻松多了。"还不失时机地表扬一下霄霄："我们霄霄现在成了一个小男子汉了哦，力气快比妈妈都大了。"虽然拎到家，霄霄已是气喘吁吁，但得到了表扬，还没错过爱看的动画片，霄霄很高兴。

霄霄小时候胆子很小，看到虫子都往妈妈身后躲。有一次，妈妈择菜看到一只大青虫，尖叫一声，把菜扔得很远。霄霄冲过来一看，虽然还是很害怕，但他想了个办法，用块硬纸板把菜青虫铲起来，扔进了厕所，还拍着胸脯对妈妈说："别怕，以后爸爸不在家，我保护你。"后来，霄霄越来越有责任感，慢慢承担起保护妈妈的责任。

霄霄买了新玩具，就想到凯凯弟弟还没有，就会主动邀请凯凯弟弟到家里玩。霄霄颇有些哥哥的架势，只要弟弟有要求，几乎是有求必应。

爸爸妈妈对此深感欣慰。有一次，爸爸下班回到家，竟然看见妈妈坐在沙发上偷偷地抹眼泪，就连忙跑过去问："怎么了，老婆？是不是霄霄又惹你生气了？"

妈妈白了爸爸一眼："什么啊？我们霄霄有那么不听话吗？"

"那你怎么哭了？"爸爸追问。

妈妈解释说："就在刚才，我和霄霄感觉无聊，就一起看电视'甄嬛传'，但是霄霄明显不是很感兴趣，就在一旁玩他的小汽车。我依然看电视，正看到甄嬛的闺蜜沈贵人难产去世，甄嬛哭得撕心裂肺的时候，我发现在一旁玩小汽车的霄霄，也被电视剧情吸引了。我看见他丢下了小汽车，抽出了一张纸，斜斜歪歪地走到电视机前，踮着小脚，想要帮甄嬛擦眼泪。"

爸爸显然也被震撼了，眼神里充满感动与惊喜。

"你说，其实霄霄是看不懂剧情的，他只是看别人哭得伤心，一心想要安慰电视里的人。"妈妈补充说。

"是啊，没想到，一个小孩子竟这么有爱心，我真是自愧不如啊！"爸爸感叹道。

"我也是被霄霄的举动感动了，咱们霄霄可真是个善良有爱的好孩子啊！"妈妈得意地说。

我们常常会被孩子无意的善良之举所触动。善意产生善行，同善良的人接触，往往智慧得到开启，情操变得高尚，灵魂变得纯洁，胸怀更加宽阔。与善良之人相处，不必设防，心底坦然。有时候孩子就像是上天给予我们最神圣的馈赠，他们来教我们如何爱，如何做一个善良的人。

从霄霄的示例中我们也可以看出善良的品质是可以培养出来的，从小妈妈就刻意地让霄霄学会分担，学会勇敢，学会分享，在家里俨然是保护妈妈的小小男子汉。可以说霄霄善良品质的显现和妈妈的用心教养是分不开的。

善良是人的本性，一个人如果拥有一颗善良之心，就能以一种平和的心态对待世间的人和事，就会发自内心地珍爱世间万物。所以要在孩子的心里种下一颗善良的种子，养成一种美好的品质。一个善良的人，不论走到哪里，都会发出不可忽视的光芒。因为他们内心充满了爱，充满了平和，充满了和谐，充满了坦荡，充满了理解。

其实对于现代社会的人来说，拥有一颗平和而善良的心，并以此善待社会、善待他人，并不是一件多么复杂和困难的事。

给迷途者指条路，向落难者伸出手，用会心的笑祝贺友人的成功，用真诚的话鼓励失落的同事等，这些看似轻易的举手之劳，其实并不仅仅是一种朴素的善良，而是用善良浸润后的灵魂折射出来的人格的光辉，是一种经过善良沐浴后散发出来的平和心态。

尘世有好有坏，愿不失善良初心的每个人，都能被这个世界温柔以待。

5 学会宽容与原谅

“淘淘，妈妈带你去公园跟其他小朋友一起玩好不好？”妈妈说。

“好呀！”淘淘很干脆地回答。

于是母子俩很愉快地出发了。来到公园淘淘看见平常一起玩的小伙伴们马上加入了他们的队伍。

没想到过了一会儿，小孩子的哭声就引起了大人的注意，妈妈赶紧跑过去，了解情况。

原来是一个小姑娘原本在玩沙子，而淘淘却抢了她的玩具，还把她推了一下，姑娘委屈地哭了起来。于是妈妈很严肃地教育了他一番，还打了他两下手掌。可是不一会儿淘淘又跑到一群小孩堆里玩别人的溜溜车，还出手打了小男孩一拳。对于他的屡教不改妈妈特别生气，狠狠地打了他手掌。

妈妈把他带到小女孩和小男孩的身边，很严肃地问他：“你该说什么？”

淘淘有些害羞和惭愧地对他们说：“对不起。”

小女孩和小男孩都不好意思地笑笑，把自己的玩具拿出来跟淘淘一起分享。

孩子之间本来就没有什么嫌隙，不一会儿三个小孩就又玩在一起了。

一个下午很快就过去了，妈妈牵起他的手领着他去停车的地方，准备回家。看着有些疲惫的淘淘，妈妈一边抱起他一边问：“知道妈妈为什么打你吗？”

淘淘点点头，小声地说："我不应该抢小伙伴的玩具，也不应该打他们。"

妈妈看着淘淘低下的小脑袋，有点心疼地问："妈妈打你手掌疼不疼？"

淘淘只是摇摇头。

回家路上，淘淘老实地坐车后面。快到家时，他才小声地对妈妈说："妈妈，别生气了。"妈妈听到后所有的气都消了，对于打他这件事，他没有记仇，而是自我反省，说妈妈打他是因为自己做错事情了。他不会记恨妈妈打他这件事，反而主动道歉，觉得惹妈妈生气了。

在孩子眼里原谅是很容易的事，前一秒还哭哭啼啼地打闹，后一秒就欢欢喜喜地和好如初了。他们也不会记仇，更加懂得宽容大度。在孩子的世界里，生气和原谅，都是毫不纠结，真心真意的。如果你做错了事情，对孩子诚恳的道歉后，他们的原谅往往非常轻快又认真可是，我们大人很多时候却做不到，我们总是要以眼还眼，以牙还牙。很多时候，在损害到自身利益的时候，就会斤斤计较，弄得双方都不愉快，甚至反目成仇。

孩子绝不会扭扭捏捏，他们总是直截了当地表达自己的好恶和爱憎——他们不喜欢你了，马上就喊出来；又喜欢你了，他们也马上让你知道。他们不懂虚伪，更不会长时间地心怀怨恨或者刻意放大你的缺点。他们会迅速地、毫无阻碍地放下不愉快的情绪，重新去爱身边的人。

宽容是人性中最美丽的花朵，宽容是心理养生的调节阀。人在社会的交往中，吃亏、被误解、受委屈的事总是不可避免地发生，面对这些，最明智的选择就是学会宽容。选择宽容与原谅往往能融化心头的冰霜。以和为贵的宽容大度，得饶人处且饶人，多个朋友多条路。当你包容别人时，也就为了自己积累了人情。海纳百川，有容乃大；人有包容，谋事易成。

宽容与原谅是孩子给父母上的很重要的一课。希望所有的孩子都能永远保有这样率真善良的天性，也希望所有的父母都能像孩子一样爱憎分明，常怀一颗宽容大度的心，充满善意地解决、处理问题。

6 巧诈不如拙诚

妈妈清楚地记得，当丽丽第一次去上幼儿园时，就拿了语文一百分和数学九十八分的好成绩回家。丽丽很骄傲地仰起头跟妈妈说："我们班除了两个得双百的就数我厉害了啊！"

妈妈当然也很高兴，表扬丽丽真是超级棒。

后来，友人到家里来做客，询问丽丽在幼儿园的成绩和表现。妈妈不无自豪地说："我们丽丽现在去幼儿园不但不哭，还拿到了全班前三名的好成绩呢。"

本来在一旁摆弄芭比娃娃的丽丽却放下手里的东西，一脸认真说："是第三名，不是前三名哦。"

友人连忙赞美道："丽丽真棒呢，上次阿姨来丽丽还吵闹着说什么也不去幼儿园呢。没想到，这么短的时间内丽丽不光克服了害怕去幼儿园的困难，还取得了这么好的成绩。"

丽丽这才不好意思地笑笑，继续玩她的娃娃。

妈妈显然是为了好听，才说是"前三名"的，其实"前三名"也没什么逻辑上的问题，妈妈这么说无可厚非。可是丽丽却觉得第三名就是第三名。第三也很好，没有必要包装成"前三名"。

友人与妈妈感慨道："你这个女儿，真是了不起呢。"

妈妈虽然略微感到尴尬，但是女儿明亮的眼睛却告诉了她，巧诈不如拙诚。妈妈更为丽丽骄傲了。

千万别看孩子小，就以为他们不懂事。正是因为他们没有条条框框的约束，他们才能像“小王子”那样挖掘到很多我们因为步入成年而淡忘的人生礼物。

从上面丽丽的事例中，我们可以看出，其实是孩子是最直接，最真实的存在。在他们的世界里，客观事实是怎样的就是怎样的，不允许有一毫一厘的美化或是扭曲。小孩子往往能教会我们好多，而丽丽教会我们成年人的是：巧诈不如拙诚。只要抛掉可怜的虚荣心，一是一，二是二地对待任何事情，就不会因为自欺欺人而丢面子，更不会因为煞费苦心地掩盖自身缺陷而遭人耻笑。

诚实是一种美德，是我们清洗心灵的一剂良方。每个人都希望在交往中遇到的人是诚实可信的。但是，世界上所存在的虚伪和狡诈，使大部分人都产生了“防人之心不可无”的戒备心理。在成人世界里，诚实的品质显得难能可贵。

诚信是做人的基本准则，诚实也是我们从小就接受的教育。然而在我们成人的现实生活中，要做到“诚实”二字，是需要勇气和代价的。在人与人之间的交往中，敢于承认自己的无知和缺点，往往能给对方留下很深的印象，增加对方对自己的信任感。而任何的虚伪与欺骗，都逃不过诚信的眼睛，都会被真实所打败。

EQ型父母要掌握3～6岁孩子的八大黄金期

一、学习绘画黄金期：3岁左右

2岁半之后，大多数孩子就对颜色和形象非常感兴趣了。家长就可以多鼓励孩子涂鸦，但千万不要规定他们绘画的模型和时间，而是要让他们充分发挥自己的想象，想画什么就画什么。当孩子把在纸上乱画的线条说成是月亮、是蛇、是小河时，家长千万不要批评他们，这正是他们想象力丰富的表现，应该欣赏、表扬、鼓励他们，否则就会扼杀孩子的想象力。

二、培养习惯黄金期：3岁左右

3岁的孩子可以离开妈妈独立生活，与此同时，反抗心理也逐渐收敛，情绪比较稳定，所以在这个年龄段家长要注意培养孩子生活上的好习惯。平时花点心思指导孩子整理东西、按时睡眠、自己吃饭、早晚刷牙、饭前便后要洗手等行为，孩子在不知不觉中就能养成良好的生活习惯。

三、学习礼仪黄金期：3～4岁

3岁到4岁是孩子形成正确生活规范、培养社会礼仪的最佳时期。这一时期儿童的关注点开始由外界转向自身，准确地说，他们不仅关心外界环境，也逐渐关心自己的行为。他们开始喜欢被人关注，喜欢结交朋友，在生活中也会注意自己的言行举止，追求面容整洁、穿衣得体、用餐优雅等。

四、识认汉字黄金期：3～4岁

孩子3岁就能开始认字，这可以促使孩子较早地独立阅读，增加信心，扩大对世界的认知。但一定要培养兴趣，不能强制灌输。可以利用卡片、图片引导孩子，使他们在玩乐中开发智力；还可以通过猜字、找字等智力游戏，激发他们的认字兴趣；除此之外，更好的方法便是将汉字学习与现实生活结合起来。食物包装上、电视广告上、店铺门面上都有汉字，对应实物来教汉字，孩子能记得更好更牢。

五、汉字书写黄金期：4～5岁

汉字书写的最佳年龄在4到5岁。从4岁开始，儿童对几何图、立体图形表现出强烈的兴趣，并且出现“书写爆发”现象，这一时期对儿童进行书写训练具有很重要的意义。写字是需要训练的，家长必须抓住孩子的兴趣点，等到他“画”得有兴趣了，就会开始用横线、直线模仿方块字。写完一两个简单的字后，家长要大大地表扬。这样，孩子自然就愿意写字了。这个练习过程大约是一年，到孩子五岁时，就可以正式学写字了。

六、学习钢琴黄金期：4～5岁

学习钢琴需要孩子认识简单的五线谱，具备一定的听力分化及音乐感受能力，同时要求手部精细动作发展得很好，具有一定的手眼协调能力。因此，一般4～5岁开始学钢琴比较适宜。学习钢琴能够练习孩子的注意力、协调力和自信力，对孩子的健康成长大有裨益。

七、掌握数学概念黄金期：5岁

5岁是掌握数学概念的黄金期，如果在黄金期里能对孩子进行及时地引导，往往可以取得事半功倍的效果。5岁的孩子有能力学习数学中下列领域的基础概念和原理，包括：大小、多少（数量关系）、长短、宽窄（空间感觉）；根据颜色、形状、大小对事物分类（集合概念）；物体的增多、减少、多少比较（数学运算——简单加减法）；排列的顺序和简单规律（规律性）。日常生活中，孩子对这些概念的认识是朦胧的、感性的、不全面的。像语言、情感、感觉等所有学习一样，数学教育也应尽早开始。孩子越小就越能通过正规、系统的学习掌握基本的数学概念和原理。

八、智力发展黄金期：6岁

儿童的智力，从出生到3岁，就已经完成了60%（每年成长约20%）的发育，而且这3年具有天才般的吸收能力。到了6岁，脑细胞的发展则完成了更大一部分。这个时期，如果能采用科学的方式来刺激孩子的智力发展，教导他们学习音乐、语言、文字或绘画等内容，孩子会有相当明显的进步。